基础与前沿研究院
Institute of Fundamental and Frontier Sciences

Intelligence　Focus　Freedom　Success
智慧　　　专注　　自由　　成就

夯实基础　求索前沿

电子科技大学基础与前沿研究院十周年文集

主　　编	本书编委会
编委会主任	饶渐升　王志明　吕　泰　巫　江
编委会成员	黄武林　李自恒　吴诗捷　全　成
	谢佳佳　肖宁静　张　然　张　珣
	李　雪　刘昱微　董烨芸　李启正

电子科技大学出版社
University of Electronic Science and Technology of China Press

·成都·

图书在版编目（CIP）数据

夯实基础，求索前沿：电子科技大学基础与前沿研
究院十周年文集 / 本书编委会主编. -- 成都：成都电
子科大出版社，2024. 8. -- ISBN 978-7-5770-1055-7

Ⅰ. G649.21-53

中国国家版本馆 CIP 数据核字第 2024RS4698 号

夯实基础　求索前沿　电子科技大学基础与前沿研究院十周年文集
HANGSHI JICHU QIUSUO QIANYAN　DIANZI KEJI DAXUE JICHU YU QIANYAN YANJIUYUAN SHIZHOUNIAN WENJI
本书编委会　主编

策划编辑	谢晓辉
责任编辑	谢晓辉
责任校对	郑宇虹
责任印制	段晓静

出版发行　电子科技大学出版社
　　　　　成都市一环路东一段 159 号电子信息产业大厦九楼　邮编 610051
主　　页　www.uestcp.com.cn
服务电话　028-83203399
邮购电话　028-83201495

印　　刷　成都市金雅迪彩色印刷有限公司
成品尺寸　170mm×240mm
印　　张　14.5
字　　数　320 千字
版　　次　2024 年 8 月第 1 版
印　　次　2024 年 8 月第 1 次印刷
书　　号　ISBN 978-7-5770-1055-7
定　　价　168.00 元

前沿无限

十年基础

郭光灿

中国科学院郭光灿院士题词

十年成林

贺"基础与前沿研究院"创院十周年

祝世宁

中国科学院祝世宁院士题词

心怀国之大者　　矢志前沿创新

房建成

2024.5.6

中国科学院房建成院士题词

2016 年 9 月，我应邀参加电子科技大学 60 周年校庆，受聘为学校发展战略咨询委员会委员。其间，我与基础与前沿研究院（以下简称基础院）的几名青年教师进行了较深入的交流。此次成电之行给我留下了深刻的印象：学校对加强基础研究高度重视，在发展量子学科方向上有清晰的规划，乃"大气"；基础院在青年杰出人才方面具有优势，也有一定的研究基础，如果在重大方向上凝聚起来，将来必能做出大成果，可"大为"。

一个月后，受时任校长李言荣委托，时任学校党委副书记王亚非和人力资源部部长胡俊带着基础院书记和院长专程来到合肥邀请我出任基础院名誉院长，指导和帮助学校建设量子信息研究中心。我深刻地感受到了学校对加强基础前沿研究的迫切期望，以及大力发展量子信息研究的坚定决心，就欣然接受并于当年 12 月再次来到了成都，上任基础院名誉院长兼量子信息研究中心主任。随后立即与几位科研骨干进行深入讨论，迅速部署了量子通信、量子软件、量子器件和量子精密测量等四个研究方向。

如今，八年过去，基础院也迎来了建院十周年，拥有了一支少而精、年轻有活力的国际化师资队伍，建成了 1 个国家级和 2 个省部级科研创新平台，承担了多项国家重大重点项目，在《自然》（Nature）等国际期刊发表了系列重要原创成果，培养了一批优秀的硕士和博士毕业生……我很开心看到基础院在学校的关心指导下，经过全院师生十年的共同努力，在师资队伍、科学研究、拔尖创新人才培养、国际合作与交流等方面均取得显著成绩，成为引领学校基础与前沿研究的一面旗帜，为提升学校国际国内学术影响力做出了重要的贡献。更欣慰的是，量子信息研究中心也在国家、四川省和学校的大力支持下，通过中心成员的不懈努力初具规模，成为西部量子信息领域领头羊，并且在国内该领域具有了一定的影响力。电子科技大学是我在中国科学技术大学之外倾注了最多心血的地方，我曾经说过，希望能抓住一个新兴学科方向，快速把青年科研人才培养起来。看到量子信息研究在国内蓬勃发展、许多年轻人在这块阵地冲锋陷阵、在这个方向上中国后继有人，我特别有成就感！

我经常跟年轻人说，我曾经坚守18年才将中国量子科技的"冷板凳"坐热。现在国家高度重视基础研究，也在持续不断地加大对基础研究的投入力度，但科学研究是一个不断探索的过程，希望大家始终要有坐住、坐稳"冷板凳"的定力，要有对基础研究孜孜不倦的执着，要为国家科学发展无私奉献的信念，要有不屈不挠的精神，要稳打稳扎才能获得长足发展。我还有一个愿望，就是希望我们的科研成果都能走出实验室，开始工程化建设，最终走向产业化，从而造福人类，虽然这个过程非常非常漫长。

我曾说过，我这一辈子做好了一件事，就是几十年如一日地在自己的实验室为祖国培养了一批又一批人才。人才固然可以引进，但更重要的是自己培养人才。我希望基础院的老师们能够将教育家精神和科学家精神代代传承，孜孜不倦地培养人才，引领一代又一代科研创新人才坚定地走下去，兑现自己对学校、对社会的承诺，承担起时代赋予的责任，履行好历史担当。

当前，基础研究重大成果的产出大多具有鲜明的学科交叉研究特征，加强学科交叉是基础研究发展的重要趋势和方向，促进跨界和学科交叉融合也是大家对未来发展方向的共识。基础院鼓励自由探索、推动前沿交叉的浓厚学术氛围，为交叉研究人员创造了良好的研究环境和充足的发展空间，具备了学科交叉融合研究的先发优势，也为各学科人员互访交流、碰撞火花提供了舞台。希望未来在这里能产生出更多推动基础前沿和新兴交叉领域发展的重大原创突破，为学校的学科发展做出更卓越的贡献！

回眸十年，成绩斐然，展望未来，更加可期！祝基础与前沿研究院越来越好！

中国科学院院士、基础与前沿研究院名誉院长

2024 年 5 月

⊙ 序 言

　　此刻，我坐在电子科技大学清水河校区六号科研楼 222 房间的窗前，凝望着窗外一排排银杏树，翠绿的叶子在微风中摇曳，仿佛浅唱着十年岁月的点滴。作为电子科技大学基础与前沿研究院院长，我倍感喜悦与骄傲，因为我们即将迎来基础院成立十周年的重要时刻。

　　2014 年，为加快高水平研究型大学建设进程，增强原始创新能力，提高基础研究水平，提升学术影响力，电子科技大学决定成立基础与前沿研究院，开展相关学科领域的基础与前沿科学研究、拔尖创新人才培养等工作。基础院成立是学校坚定不移地实施人才强校、学科拓展和国际化三大核心战略的具体体现。我们有信心走在国际化学术交流的前沿，多学科、跨学科发展，成为学校高端人才集聚地和高水平学术成果发源地。初创团队以此为初心，努力将基础院建成具有国际影响力的基础与前沿学术高地，以推动学校在基础研究领域的高质量发展，促进理工深度融合。

　　有了这个蓝图，我们找到了符合自身特点的发展路径：汇聚从事基础与前沿研究的高水平人才，实现深度的国际化。于是，我们见证了师资队伍从建院时的两位教授发展到高层次人才占比超 70% 的高质量发展；促成了与美国麻省理工学院、英国剑桥大学、德国马普所、加拿大国立科学研究院、日本东京大学、新加坡南洋理工大学等学校和机构的深度科研合作。建院时的初心和梦想已经传递给了每一位 UESTC–IFFSer，承载着基础院师生对知识的无尽追求。凝望着窗外茁壮生长的银杏树，我感到无比欣慰，因为当初的种子已然落地生根，未来必将成长为枝繁叶茂的大树。

　　在过去的十年中，基础院始终秉持"智慧、专注、自由、成就"的院训。全院师生不畏艰难，在科学的海洋里乘风破浪，努力探索未知领域，拓展研究边界。原创成果陆续在（*Nature*、*Nature Physics*、*Nature Materials*）等国际学术期刊发表。师生们的辛勤工作收获了丰富的科研成果，更为学校提升了学术影响力。每一个成果都体现了师生们对科研的热情和对知识的尊重，每一项荣誉都证明了 UESTC - IFF-Sers 努力和坚持的价值。

"十年树木、百年树人"，科研不仅是探索未知的过程，更是培养未来科技人才的摇篮。我们始终致力于为学生提供优质的教育和科研平台。通过老师的言传身教和国际合作研究，同学们有机会深入了解不同学科的最新进展，亲自参与前沿技术的研究，从而提升自己的科研创新能力。这些经历将为他们未来的科研职业生涯奠定坚实的基础。我坚信，未来会有越来越多的 UESTC - IFFSers 活跃在国家的科研一线，为原创性研究注入新的活力。

基础研究的进步离不开实践的验证。因此，基础院始终注重与社会各界的合作与交流。通过与产业界、政府机构以及其他高校和科研机构的紧密合作，不仅获得了宝贵的资源和支持，更为原创性研究成果找到了实际应用和转化的途径。目前，这种合作模式正在提升基础研究和应用基础研究的质量，也为基础院未来的发展提供了更广阔的空间。

然而，我们也清楚地认识到，未来的道路仍然充满了挑战和不确定性。随着世界科技的飞速发展和社会需求的不断变化，需要我们不断探索新的研究领域，培养新的科研人才，以适应这个瞬息万变的时代。基础院将在量子信息、集成光子、碳中和、新材料、人工智能、生命医学交叉领域持续深耕，不断创新和追求卓越，支撑相关学科发展，为社会和学校做出更大的贡献。

此时，我再次注视着窗外的银杏树，深感岁月的流转和时间的力量。过去十年见证了基础院的成长和发展，也预示着未来十年基础院的希望和潜力。让我们携手共进，以更加坚定的步伐走向未来，为基础和前沿研究做出更大的贡献！

电子科技大学基础与前沿研究院院长

2024 年 5 月

目 录
CONTENTS

❸ | 前沿师说

4 | 学子畅言

5 | 团队风采

附录

后记

致谢

第一章　院情概览

基础与前沿研究院
Institute of Fundamental and Frontier Sciences

◉ 基础院简介

电子科技大学基础与前沿研究院（Institute of Fundamental and Frontier Sciences，简称 IFFS、基础院）成立于 2014 年 6 月，是电子科技大学为增强原始创新能力、提升整体基础研究水平和学术影响力而特别筹建的"学术特区"。作为电子科技大学在基础与前沿研究方面的重要"基地"和"示范"，基础院以建设具有国际影响力的基础与前沿学术高地为目标，紧密围绕电子科学与技术、信息与通信工程、光学工程、计算机科学与技术、生物医学工程、材料科学与工程、物理学等一级学科的共性基础理论和前沿交叉领域开展研究。

2014 年电子科技大学基础与前沿研究院成立合影

十年来，基础院汇聚了来自剑桥大学、牛津大学、斯坦福大学、麻省理工学院、东京大学、南洋理工大学、清华大学、北京大学、中国科学技术大学等世界一流高校的海内外 50 余位高层次人才组成的高水平国际化研究队伍，组建了 40 余个高水平研究团队，围绕非经典信息科学、跨尺度物质科学和泛智能生命科学三大方向，成立了量子信息研究中心、集成光子研究中心、碳中和研究中心、新材料研究中心、人工智能研究中心和生命医学交叉研究中心。建成了国家高等学校学科创新引智基地和量子物理与光量子信息教育部重点实验室、四川省国际科技合作基地等国家级和省部级平台，累计承担科技部重点研发计划、国家自然科学基金重点项目等30余项国家级重大重点项目和130余项国家自然科学基金项目，获四川省天府友谊奖、四川省国际科技合作奖、四川省杰出青年科学技术创新奖、科学探索奖、中国光学十大进展提名奖、德国洪堡基金会贝塞尔研究奖等奖项。在基础前沿研究领域开展原创探索研究，不断产出助推高水平科技自立自强的代表性原创研究成果，相继发表在 *Nature*、*Science*、*Nature Physics*、*Nature Materials*、*Nature Photonics*、*Nature Catalysis*、*Nature Electronics* 等国际著名期刊上，成为高端学术成果和原始创新能力的发源地。

2016年郭光灿院士聘任仪式合影

基础院积极探索推进教育、科技、人才"三位一体"协同融合发展，以"以立德树人为根本，深化科教融汇，坚持为党育人、为国育才，着力培养具有国际视野的一流基础前沿研究后备人才"为育人理念，大力推进前沿交叉学科建设，构建了高质量前沿交叉人才培养体系，为高层次复合型人才培养改革探索新路。十年来，基础院累计培养研究生超800人，涉及数学、物理学、光学工程、材料科学与工程、电子科学与技术、计算机科学与技术、生物医学工程、化学工程与技术等多

个学科。经过多年探索，已与欧洲、北美、澳洲、亚太地区等30余所高校/研究机构建立深度合作，先后与加拿大国立科学研究院成立 INRS‒UESTC 联合研究中心、与德国马普学会成立中德马普学会伙伴小组，为研究生提供前往英国剑桥大学等顶尖名校深造机会，并培养来自美国、德国、丹麦等十余个国家留学生。历届硕/博士毕业生均得到各高校、科研院所、党政机关等国家重点单位的广泛认可，不断为社会培养和输送各类高素质人才。

十年来，基础院始终坚持"四个面向"，瞄准世界科技前沿，以国家重大需求为导向，充分发挥学校学科优势，以"智慧（Intelligence）专注（Focus）自由（Freedom）成就（Success）"为建设理念，以"国际化学术特区"作为建设核心，不断探索和改革有利于激发基础研究活力的特区机制，营造宽松自由、活跃开放、潜心专注的学术氛围，为电子科技大学中国特色世界一流大学建设贡献智慧和力量。

⊙ 党建引领 凝聚发展

2014 年，中共电子科技大学基础与前沿研究院直属党支部成立。

2018 年，调整为中共电子科技大学基础与前沿研究院总支部委员会。

2022 年，调整为中共电子科技大学基础与前沿研究院委员会。

电子科技大学基础与前沿研究院党委以习近平新时代中国特色社会主义思想为指导，全面学习宣传贯彻落实党的十八大、十九大、二十大精神，深刻领悟"两个确立"的决定性意义，增强"四个意识"、坚定"四个自信"、做到"两个维护"。认真落实新时代党的建设总要求，坚持以高质量党建引领高质量发展，实施"三个工程"，大力推进"一融双高"。

一、强化政治引领，实施"领航工程"，筑牢思想根基

基础院党委充分发挥政治核心作用，多措并举全面领航师生思想建设，实现政治引领的具体化和常态化。构建"1＋3＋X"理论学习机制，通过制订"1"套完善的理论学习计划，部署"3"个规定动作，打造"X"项自选动作，推动党的创新理论学习向支部、党员、非党员延伸。凝练"四个带动""五个坚持"工作法，围绕主题教育主线筑牢思想根基，认真开展"三严三实"专题教育、"不忘初心、牢记使命"主题教育、党史学习教育、学习贯彻习近平新时代中国特色社会主义思想主题教育、党纪学习教育，扎实推进"两学一做"学习教育常态化制度化。形成"一引领三关心"工作机制，即坚持关心思想、关心事业、关心生活，把对师生的政治引领融入帮助解决实际问题当中。院党委获学校先进基层党总支、"党建及思政教育"管理工作优秀学院、理论学习先进单位等，并入选学校思想政治工作精品项目。

二、强化组织引领，实施"堡垒工程"，夯实队伍建设

以组织力提升为重点，创大党建工作格局，锻造坚强组织、建设过硬队伍，不断夯实基层党组织"战斗堡垒"。创建"党委 - 党支部 - 党小组 - 党员"四级联动机制，选优配强师生党支部书记和支委，搭建"纵向到底、横向到边"党建工作网络格局，组织体系上下贯通、执行有力。创新"1＋X"师生支部一体化育人模式，通过"1 个教工支部＋3/4 个研究生支部"联建共建推进党的建设与立德树人深度融合，形成师生共建、教研互长的党建新模式，完善"同频共振"党建育人新格局，发挥党支部辐射带动作用。创设"学院一精品、一支部一品牌"，院党委创办"潜研先锋会""阅辉煌基础，探前沿之路"品牌活动；教师党支部创办"学习思政社"和"博学先锋"学习品牌，研究生支部创办"红色讲堂""学科交叉、融合创新""三人行""品读经典，锤炼党性""四有青年社""齐心先锋""红心铸匠心"等，不断创新党建活动载体，激发党建活力。获教育部第二批高校"双带头人"教师党支部书记工作室、四川省高校"双带头人"教师党支部书记工作室、学校"双带头人"教师党支部书记工作室、学校先进党支部等多项集体荣誉，以及教育部首批高校"百名研究生党员标兵"、四川省优秀党务工作者等。

三、强化示范引领，实施"先锋工程"，推动融合发展

以"＋"为党建之策，搭建"党建＋人才培养/科学研究/人才队伍/社会服务"平台，探索实践教育、科技、人才一体化融合推进，引领师生党员勇争先锋，推动"一融双高"。创新贯彻"三全育人"教育理念，开展优秀"导学思政"团队培育建设，党员教师带头培养了一批优秀学生和青年学者，多人成长为国家级青年人才，获国家博新计划、欧盟"玛丽·居里学者计划"、福布斯中国30岁以下精英等国内外重要奖项。党建引领推动改革和发展深度融合高效联动，坚持"四个面向"，在量子信息、集成光子、碳中和、新材料、人工智能、生命医学交叉等国家重点发展领域积极布局，强化交叉融合，积极助力国家创新发展。坚持党管人才，党员勇争青年先锋做四个引领，推动教育、科技、人才"三位一体"协同融合发展，围绕"卡脖子"关键核心技术进行源头探索和底层创新，党员在 *Nature* 等期刊发表突破性成果，立项并建设教育部重点实验室——量子物理与光量子信息教育部重点实验室，承担重大重点项目10余项，累计科研经费超过2.5亿，为学校建设中国特色世界一流大学，实现高水平科技自立自强积极做贡献。

⊙ 发展历程

师 资 队 伍

电子科技大学基础与前沿研究院深入学习贯彻党中央关于人才工作的重要论述，坚持党管人才和"人才是第一资源"，紧紧围绕学校中国特色世界一流大学建设的目标要求，从无到有，以"学术特区"＋"人才特区"一体两翼开展人才队伍建设。"学术特区"结合学校"优工"、"强理"、"育新"的学科发展规划，着力加强数、理、化，特别是以物理学为代表的理科，拓展量子、集成光子和人工智能等新兴交叉学科，助力电子信息类优势特色学科发展。"人才特区"坚持人才优先发展，紧密围绕加强优势学科和基础学科建设、促进新兴交叉学科发展，建设学术能力强、结构合理、年轻有活力、具有国际视野的基础前沿研究师资队伍。坚持以创新能力、质量和贡献为导向，健全长周期分类评价机制，深化人才"育引用一体化"建设，努力培养造就具有国际水平的战略科技人才、科技领军人才和创新团队。

十年来，基础院通过引育并举，实现了人才队伍规模以五年为周期倍增。截至2024 年 8 月，已经建成了一支国际化的高水平师资队伍，包括中国科学院院士 2 人（双聘），国家级领军人才 8 人，国家级青年人才 28 人，其他高层次人才 6 人，校百人 7 人，专职科研人员（含外籍）18 人。青年人才占全校青年人才总数的1/6，有海外教学科研经历的占比 90% 以上。

基础院师资队伍建设情况

基础院师资队伍结构图

人 才 培 养

　　基础院以立德树人为根本，深化科教融汇，坚持为党育人、为国育才，着力培养具有国际视野的一流基础前沿研究后备人才。在校研究生人数从建院之初的 2 人到 2024 年近 500 人，累计培养研究生超 800 人，涉及数学、物理学、光学工程、材料科学与工程、电子科学与技术、计算机科学与技术、生物医学工程、化学工程与技术等多个学科。经过多年探索，已与欧洲、北美、澳洲、亚太地区等 30 余所高校/研究机构建立深度合作，为研究生提供前往顶尖名校深造机会，并培养来自美国、德国、丹麦等十余个国家留学生。历届硕/博士毕业生均得到各高校、科研院所、党政机关等国家重点单位的广泛认可，不断为社会培养和输送各类高素质人才。

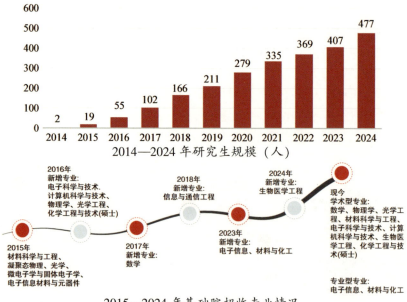

2014—2024 年研究生规模（人）

2015—2024 年基础院招收专业情况

科 研 与 国 际 交 流

　　基础院采用与国际接轨的独立 PI 科研组织模式，坚持"四个面向"，不断推进前沿交叉融合和跨学科研究，围绕非经典信息科学、跨尺度物质科学和泛智能生命科学三大方向成立了量子信息研究中心、集成光子研究中心、碳中和研究中心、新材料研究中心、人工智能研究中心和生命医学交叉研究中心，建成国家级平台 1 个、省部级平台 2 个。基础院坚持自由探索和目标导向相结合，有组织推进战略导向的体系化基础研究、前沿导向的探索性基础研究、市场导向的应用性基础研究，为创新发展提供基础理论支撑和技术源头供给。在 *Nature* 等国际学术期刊发表一系列代表性学术成果，并积极承接国家重大科研任务，累计立项纵向科研项目 200 余项，其中国家自然科学基金 130 余项，科研经费到款超过 2.5 亿。

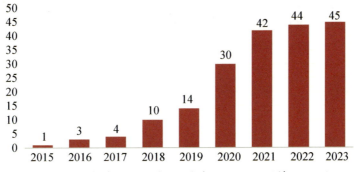

2015—2023 年基础院国家级/省部级项目立项情况（项）

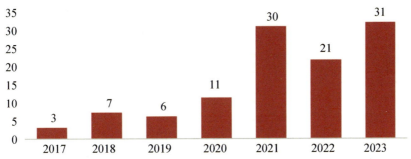

2017—2023 年基础院国家自然科学基金立项情况（项）

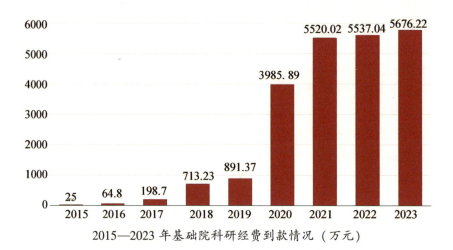

2015—2023 年基础院科研经费到款情况（万元）

组 织 架 构

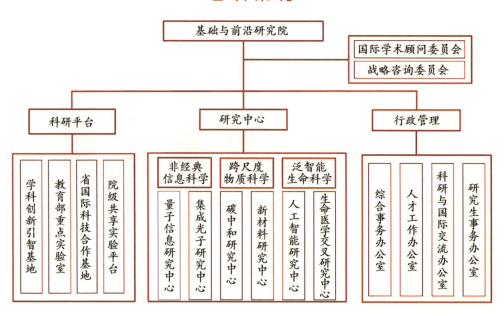

>>>>>>>

2

第二章　感悟前沿

<<<<<<<

基础与前沿研究院
Institute of Fundamental and Frontier Sciences

⊙ 交叉领域舞蹁跹　三尺讲台育桃李

在电子科技大学清水河校区宽敞明亮的基础与前沿研究院大楼里见到董帆教授时，身着简装的他正沿着大厅步梯朝我们走来。在他身后，楼梯处装饰一新的基础研究领域的"著名公式定理"牌，在阳光的折射下熠熠生辉。

"这里已经成为校园的网红打卡点。"集国家杰青、国家优青、国家青拔于一身的董帆教授微笑着与我们打招呼，对身处电子科大如此优越的工作环境开展自己热爱的科研工作，喜悦的心情溢于言表。

"原来的工作环境缺师资、科研条件简陋，科研经费与现在也完全不是一个量级……"艰苦的外部条件与内心

董帆　教授

的执着并存，一路走来，董帆从未放弃，十年如一日，在环境、化学与信息技术交叉领域蹁跹起舞，一步一个脚印努力，日夜兼程奔赴内心所爱。

学海遨游，　坚定驶向科研的灯塔

早在读高中时，少年的董帆就对化学学科十分感兴趣，高考志愿填报时，他毫不犹豫地选择了以化学为基础的环境工程专业。

在本科阶段的学习过程中，他就展露出对科研的热爱，常常在做实验时就希望"研究清楚每个实验现象背后的原理"，这令他感到有趣并为此着迷。每当研究清楚一个原理后，都会带来极大的成就感，"想想这些微观的原子是怎么组合的、电子是如何迁移的，我都会觉得十分有趣，正是本科阶段的学习，在我心中埋下了一颗科研的种子"。

凭借本科阶段四年如一日的刻苦勤奋与努力付出，董帆以考研第一名的成绩进入浙江大学硕博连读，继续攻读环境工程专业，在浙大浓厚的科研氛围影响下，他又获得了去香港理工大学访学的资格，在那里常常与志同道合的同学们一起熬夜做

实验、整理实验数据、交流各自的想法。

"现在回想起来还是充满激情，虽然为了获取可靠数据熬了不少通宵，但根本不觉得累，因为能够释放自己的潜力去做科研，做到全身心地投入，获得关键数据的快乐至今记忆犹新。"自由的氛围与理想的科研状态，给董帆心中的那颗种子提供了养分，更令他下定决心走好攻克大气环境治理技术难题的科研之路。

结缘成电， 如鱼得水的成长沃土

机缘巧合之下，博士毕业后的董帆选择进入重庆工商大学任教，在这里，凭着对科研的热爱，董帆克服了科研条件不足的困难，执着地追逐着自己的梦想，在承担了大量的教学任务和学院公共事务的同时，仍坚定地推进实验室从无到有的建设和科学实验工作，付出了很多心血，培养了一批批优秀的学生，并取得了大量优秀的科研、教学成果，他也成功入选国家青年拔尖人才计划，并获得了国家优秀青年科学基金的支持，填补了该校在国家人才计划方面的空白。

本可以选择"躺平"的董帆并未就此止步，而是把眼光望向更高处。他深知平台对一个上下求索的科研工作者的重要性，就在个人发展遇到瓶颈之际，电子科技大学人才办伸来了热情的橄榄枝。

"学校对人才工作的重视程度，是我前所未闻的。人才办拥有一支专业化的人才工作队伍，会充分地考虑教研人员研究方向、平台建设、家庭生活等各方面的情况。"2018 年 9 月，董帆首次接触到电子科大人才办，电子科大突出的人才引进机制与"想人所想、急人所急"的工作态度，在令他感慨的同时，也让他暂时停下脚步，深入思考未来要走的路。

校园参观、硬件设施、配套待遇……在学校人才办的热情介绍下，董帆很快就对学校各方面情况有了直观深入的了解，学校求真务实的科研氛围、良好的科研条件、优厚的待遇以及学校对人才求贤若渴的态度都让他意识到，这正是自己孜孜以求的理想工作环境。于是，董帆果断地作出了人生中重要的一次抉择——放弃现有的安逸环境，入职成电！

来到成电后，学校充分考虑到董帆人生地不熟的处境，迅速帮他解决了实验室、科研设备、家庭等方面的后顾之忧，"学校并没有因为环境化学是学校非主流学科而让我坐冷板凳，不仅帮我迅速建成了研究团队，并且给我打造了一个很好的科研平台"。

现任校级研究机构-碳中和与环境能源新技术研究中心主任的董帆，对成电为他提供的良好科研环境心存感激。刚入校时，董帆其实十分担心自己会因为缺少海外背景而与基础院其他老师在能力与思路上有较大差异。但事实并非如此，基础院的领导和老师们十分欢迎董帆的到来，并希望他能够帮助基础院其他老师尽快融入国内的科研与学术氛围，将国内外不同的学术背景进行融合。董帆悬着的心随着工作的开展落地，他也十分乐意与基础院的老师们进行交流，探讨彼此的困惑，精进自己对科学问题的理解。与这些优秀的老师们一起共事，在无形中提升了董帆的科研能力和水平。

"我从基础院同事的身上真的学到了很多，慢慢明白了怎样才能做出更有突破性的科研成果"。董帆感慨道，"得益于这些帮助和基础院国际化氛围，我能够站在国际前沿，用更加开放的眼光、开阔的思路去看问题。来成电之后，自由的氛围、稳定的节奏，这让我每天的工作都开展得很顺畅，不用内耗，感觉个人的潜力源源不断地被激发出来，个人的幸福感也在不断地提升"。

躬耕教坛， 潜心引领学子成才路

对董帆而言，立德树人不仅贯穿在工作中，也体现在孩子的教育中。

跟随他工作的变动，他的儿女也从重庆分别转学到电子科大附幼和附小念书，经过一段时间后，董帆发现孩子们适应得很好，性格也更加乐观开朗，成绩也名列前茅。来到成电后，回家谈论的都是开心的事情，一家人的心态都变得积极起来。

孩子们的变化让董帆意识到氛围的重要性。正因如此，董帆一直有意地使团队处于一个平等自由包容的氛围中，来自不同专业背景的同学可以发挥各自的专长，自由地提出自己的疑问并质疑对方的观点，"我非常鼓励大家怀抱着坦诚的态度彼此交流，有不会或者不如别人的地方，都虚心向同行请教。"

慢慢地，团队也就形成了乐于交流的开放氛围，每个人都尽力发挥自己在团队中的作用，将个人奋斗目标及成长与环境化学事业紧密相连。延伸到对本科生和研究生的教学中，董帆会提一些看似没用的问题，这些问题往往都没有所谓的标准答案，他通过这样的方式来锻炼学生的思维能力，让他们学会独立思考，批判性地提出问题并努力尝试解决。

无论是幽默轻松的教学方式，还是自由专注的科研氛围，这些都让董帆在学生中备受好评。他在成电培养的第一届博士毕业生王红说："我曾经对自己很不自信也很迷茫，但董老师对科研的热爱极大地影响了我，老师给予的信任给了我很大的信心，让我觉得自己可能也可以做得更好，打开了我的科研大门。"王红回想起董帆老师答应她，进组后亲自带她熟悉实验室的各种仪器及研究方向，"每一次新生入学时，董老师总会兴奋地带着新生将每间实验室和每台仪器都介绍一遍，给他们讲述团队的研究方向，相信董老师的热情也会在他们的心里撒下热爱科研的种子，看着这么一位对科研热情专注的老师，怎么能不燃起大家对科研的执着呢"？

当然，在教学与科研中也会有失败，但董帆从不畏难，而是从困难与失败中汲取力量，推动自身与学生的成长。他的博士生陈瑞敏回忆道：作为董老师的博士生，当我开始从事光催化氮氧化物净化与资源化课题时，面临很多挑战和困难，实验结果总是不理想。那段时间，我的心理压力很大，不敢跟董老师交流。董老师不仅没有责备我，反而主动跟我交流，一开口就是鼓励和安慰，他说："实验总是有成功有失败，难道失败就没有价值吗？失败的实验帮我们排除了部分错误认识，从失败中总结经验，不断优化提出新的思路，训练自己的逻辑思维和创新思维能力也很重要。"这段话让我记忆犹新，也让我卸下了精神重担，鼓起勇气继续探索。

加速发展，建设"顶天立地"的教研室

"可以预见的是，在未来 5 到 10 年内，传统的化学材料学科与电子信息技术的深度融合，会带来一个爆发期，面对这个机遇，在电子科技大学电子信息技术领域显著优势的带动下，希望能主动开展环境化学＋电子信息交叉融合领域的研究，并带来新的学科增长点，目前在环境催化与机器学习交叉研究取得了初步进展。"谈及对未来的看法以及实验室的发展，董帆兴奋地表示。

在团队学生多元化的基础上，董帆打算完成环境化学与电子信息领域内人才的交叉融合，在此方向上获得更多具有原创性的成果，成为国际范围内不可替代的实验室。基于此，董帆教授对实验室建设提出了"顶天立地"的发展目标。

"顶天"，就是希望在环境化学领域基础研究上能够做出一些真正的原创性的、有影响力的顶尖成果；"立地"，就是将科研成果面向国家需求，主动与国内的龙头企业进行结合，将过去积累的成果转化为能够产生实际社会效益和经济效益的应用新技术，加速成果转化与落地应用。

已经在专业领域工作了十余年，现在已经是国家杰出青年基金获得者的董帆教授仍对未来充满热情与盼望，"如果我们能够将这两点很好地结合的话，在未来肯定会有更大的发展。希望能够依托团队建立省部级甚至国家级平台，这样我们才能在领域内发出更加响亮的成电声音。在这样漫长的科研实验发展过程中，我们也要保持乐于向一切优秀同行学习的开放心态，稳中有进，为环境化学学科的可持续发展尽最大努力"。

（文：罗莎　阿依巴提　鞠昀）

个人简介：

董帆，男，1982 年 8 月生，博士，教授，博导。国家杰出青年科学基金获得者（2022 年），国家优秀青年科学基金获得者（2018 年），国家级青年人才（2017

年），国务院特殊津贴专家（2019 年）；连续 5 年入选科睿唯安"全球高被引科学家"榜单（2018—2022 年）。2010 年获浙江大学环境工程专业工学博士学位。现担任校级研究机构－碳中和与环境能源新技术研究中心主任。主持国家自然科学基金项目 7 项、国家重点研发计划课题 2 项以及省部级重点重大项目等 20 项。中国环境科学学会青年科学家金奖（2020 年），四川省杰出青年科学技术创新奖（2023 年），省部级自然科学奖一等奖 2 项和二等奖 5 项。以通讯作者在 *Nature Communications*、*Angewandte Chemie*、*Science Bulletin*、*Research*、*Environmental Science & Technology*、*ACS Nano*、*ACS Catalysis*、*ACS Sensors*、*Materials Today* 等国内外知名期刊上发表学术论文 200 余篇。所有论文被 SCI 引用 3.5 万余次，50 篇论文入选 ESI 高被引/热点论文，H 指数为 100。担任 SCI 一区期刊 *Chinese Chemical Letters* 副主编，*Alexandria Engineering Journal* 副主编，*Environmental Functional Materials* 创刊副主编，以及 *Sci. Bull.*、*ACS ES&T Eng.* 和 *Chin. J. Catal.* 等多本 SCI 期刊的编委。

⊙ 享受科研　不忘初心

学成归来，不忘报国初心

邓旭　教授

邓旭长期从事胶体与界面机理探索、材料界面的设计和开发。2013 年，邓旭于德国马克思普朗克高分子研究所（简称马普所）获得博士学位，随后在美国加州大学伯克利/劳伦斯伯克利国家实验室从事博士后研究。2015 年，邓旭回国后加入电子科技大学，成为基础与前沿研究院的一名教授，并组建了材料表面科学研究中心。

邓旭说："在国外学习工作快 10 年了，想念祖国，就回来了。祖国的发展很好，未来可期。回到自己的家，做自己喜欢的事，是最优的选择了。"

回国前，国内有不少高水平高校向邓旭抛去了橄榄枝，期待他的加盟，但邓旭最终还是选择了电子科技大学。他说："加入电子科技大学，是因为参加了一次成电的交流活动，到成都体验了学校整个积极向上的氛围，以及人力资源部和基础院的专业性和极高的办事效率。当然回成都，也相当于回到老家了。此外，学校的人才优先发展战略也为我提供了很大的支持，帮助我解决了在经费、项目申报上很多切实问题。"

一回国，邓旭便忙于组建实验室。"最开始的困难就是，需要一个人去构思实验室的软硬件建设思路。第一年错过了招收研究生的时间，一个人要处理所有的实验室建设事务。学校和基础院在课题组创立到运行整个过程，都提供了极大的帮助，协调资源，简化流程等。"邓旭说。

在邓旭的不懈努力下，实验室的工作很快就进入了正轨。面对未来，邓旭充满信心地说："从基础科学的角度，希望做出更多具有引领意义的工作。从产业的角度来说，我们正在积极推动我们的防污涂层进入市场。"

引进资源，深耕材料研究

在德国马普所求学期间，邓旭同该所建立了良好的合作关系。

2017年4月，邓旭领导的材料表面科学研究中心被德国马普学会任命为马普伙伴合作组（Max Planck Partner Group），双方共同在固液界面作用力、胶体科学等领域开展合作研究，推动和加速相关领域学科发展。

自胶体与界面中心成立以来，该中心在 Nature、Nature Materials、Nature Communications、Physical Review Letters、Angewandte Chemie International Edition、Advanced Materials 等国际著名杂志发表文章50余篇。

2019年7月，邓旭领导的材料表面科学研究团队在国际顶尖期刊《自然－材料》（Nature Materials，2018年影响因子39.235）上发表研究论文。该研究实现了在不依靠外部能量供给情况下液滴的快速长距离自驱动传输，液滴甚至能从超疏水表面下端垂直向上迅速爬升。该项研究得到 Science Daily、EurekAlert 以及国家自然科学基金委、学校焦点新闻、各学术公众号等国内外媒体的专题报道。

2020年6月，邓旭教授团队又取得了一项重磅成果。研究"Design of robust superhydrophobic surfaces"成功发表于国际著名期刊 Nature，并被选为当期封面。这项研究提出去耦合机制将表面浸润性和机械稳定性拆分至两种不同的结构尺度，通过在两个结构尺度上分别进行最优设计，为超疏水表面创造出具有优良机械稳定性的微结构铠甲，解决了超疏水表面机械稳定性不足的关键问题。

青出于蓝，培育学术新人

除了自身研究成果丰硕，邓旭还非常注重培养学生。2016年，邓旭招收了两位博士生，王德辉和孙强强。

如今王德辉已经结束了自己的学生生涯，成为一名电子科技大学教师并入选国家青年人才。在2020年电子科技大学毕业典礼上，王德辉作为学生代表发言，他说："篮球明星科比有句名言：'你见过凌晨四点的洛杉矶吗？'而我，已经见过无数次'凌晨五点'的成电。"这位"陶艺泥匠"，成功地解决了超疏水表面机械稳定性问题，并以第一作者身份将相关成果发表在 Nature 上。

在2019年的"成电杰出学生"的评选中，孙强强成功入选。正是得益于名师指导，孙强强博士就读期间已在 Nature Materials、Advanced Materials 等期刊发表高水平论文4篇，总影响因子82.618。对此，孙强强感激地说："回首博士四年，我是收获与感激并存的。付出了时间和精力，收获了知识与经验，我十分感激导师邓旭教授的精心指导。"

博士生宋佳宁同学就读期间已在 Nature Communications、Advanced Materials 等期

刊发表高水平论文4篇，2023年9月结束为期1年的赴剑桥大学化学系交流访问，2023年12月顺利获评了"成电杰出学生"。

看着自己培养出来的学生，邓旭谦虚地说："他们本身都非常优秀，具有坚定的意志和对科研浓厚的兴趣。我们团队在学生培养上更多的是给学生自由，让学生发挥自己的潜力，找到自己最擅长和最感兴趣的事情。老师起的作用，只是助他们一臂之力。"

个人简介：

邓旭，男，1984年10月生，博士，教授，博导，国家杰出青年科学基金获得者（2023年）。2013年获德国马普高分子研究所物理化学专业博士学位，美国加州大学伯克利分校/美国劳伦斯伯克利国家实验室博士后研究员（2014～2015年），德国马普中德界面材料联合实验室主任。主要从事材料表面科学、表面物理化学、仿生材料等相关研究。承担国际合作专项、国家自然科学基金项目多项，研究成果以第一作者或通信作者在 *Nature*、*Science*、*Nature Materials*、*Nature Communications*、*Physical Review Letters*、*Advanced Materials*、*Angewandte Chemie International Edition* 等国际著名杂志发表文章100余篇。科研成果被 *Nature*、*Nature Nanotechnology*、*Nature Physics*、*MIT Technology Review* 等国际著名杂志多次作为专题报道。获得中国、欧洲和美国授权发明专利31项。获得中国十大科技新锐人物，中国化学会菁青化学新锐奖，四川省青年科技奖，化学化工与材料京博优秀博士论文银奖（博士生导师），中国胶体与界面化学优秀青年学者奖，德国洪堡基金会贝塞尔研究奖。担任 *National Science Review* 化学学科编委。

⊙ 立足成电　继往开来

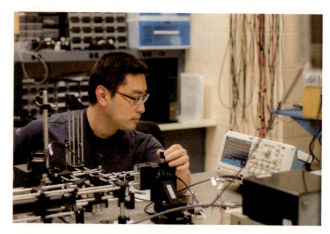

王曾晖　教授

　　海外学成归国，扎根西部深耕；持开放包容之思想，融中西文化于一体；引领团队攀登科研高峰，与时俱进探索学术前沿；坚信有志者事竟成，以身作则勉励学生积极进取……

　　走近基础与前沿研究院王曾晖教授，这位长期奋斗在纳米器件物理等领域的青年学者，将他与电子科技大学的不解之缘娓娓道来。

立足成电：屡败屡战不言弃，筚路蓝缕始前行

　　2010年博士毕业于美国华盛顿大学的王曾晖，先后在美国康奈尔大学、美国凯斯西储大学从事研究工作，从博士后一直做到了高级研究员。2016年，他选择回国工作，入职电子科技大学基础与前沿研究院。

　　"我们既然回到国内工作，还是要扎根本土。在这片土壤上，我们还要继续扎根、发芽、生长，希望可以更加枝繁叶茂，甚至能够结出一些果实来。所以对我而言，如何学会重新适应国内科研的大环境，是一件值得认真思考的事情。"王曾晖说。

本科刚刚毕业就出国，加上近二十年的海外学习工作经历，使王曾晖的思想及行为在很大程度受到国外学术界的影响。因此，"重新适应"成了王曾晖回国参加工作后的第一门"必修课"。为此，他下足了功夫，通过反复请教、学习和锻炼来总结不足、积累经验。

即使有着多年国外经历和杰出科研成果，王曾晖始终保持着一以贯之的谦逊和谨慎，面对问题会向同事们虚心请教，一丝不苟。例如，在回国后学习申请"国家自然科学基金"各类项目的过程中，王曾晖坦言自己一开始就像个懵懂无知的"小学生"。彼时，由于对国内项目申请的陌生和自身积累的有限，王曾晖在项目申请上连续多年处在"申请 - 被拒 - 再申请 - 再被拒"的循环之中，一度看不见出口在哪里。在屡败屡战、屡战屡败的这几年中，学校组织的专家讲座培训及老教授们的悉心指导如雪中送炭，一点一点帮助他摆脱了这一困境。

"在经过了好几年的磨炼后，自己的项目申请逐渐开始一点一点有起色，在这个过程中我也收获了很多的成长和经验。"王曾晖回忆道。这一阶段的历练，不仅帮助他认识到自己的差距与不足，而且促使他逐步学会了自我调整，从而渐渐适应了国内项目申请的过程。目前，王曾晖已经主持了国家自然科学基金面上项目、联合基金重点项目、原创探索计划项目、国家杰出青年科学基金等一系列自然科学基金项目。

创新教学： 营造全英文交流氛围， 促进科研与国际接轨

久处国外的经历虽然让王曾晖花费了不少时间适应国内科研生活，但也培养出他与众不同的思维方式。与很多人不同，王曾晖提倡学生们与他用英文探讨科研问题。

在国外，不少华人导师担心自己课题组的中国学生如果一直沉浸在中文的环境下，会在适应国外环境方面进步较慢。因此他们常常会要求组里的中国同学用英文交流，即使对话双方母语都是汉语。这种做法在国外是很有效，也是很重要的。回国后，王曾晖认为用英文交流科研问题同样有着独特的优势。

"在高水平科研领域，最常用的语言目前仍是英文。包括很多进口专业设备的说明书、国际上的学术论文等等，基本都是英文。查阅资料、阅读文献、写英文期刊论文、在国际学术会议上作报告等，甚至将来出国留学或者访学，都对学生的英文水平有一定要求。与其让学生额外再花大量时间上英语课，为准备雅思、托福等语言考试而学英文，不如在日常学习生活中给同学们多提供一个体验和练习英文交流的机会，让英文真正成为一项日常的工具，而不只是被迫记忆的知识点。"王曾晖说。

王曾晖提到，他会在与学生的英文交流中指出一些英文课堂教学不容易注意到的地方，尤其是在日常生活及科研工作中的交流，使学生接触到最为规范、地道的英文表述，促进学生的听力、口语能力迅速提高。如此，学生们在未来的国际科研交流时，就可以轻松地理解国际同行的想法，并能正确地使用外语来清晰无误地表达自己的看法。

全英文交流为学生们创造出一个良好的环境，能够让他们在潜移默化中提高英文水平，这种教学方式可谓别出心裁。当然了，在一个所有人都说中文的大环境里，王曾晖的学生们作为少数中的少数，需要克服一定的心理压力才能够开口说英语，因而词汇量和熟练程度对他们来说也是个不小的挑战。

对此，王曾晖表示完全理解，并采取了在书面交流方面要求学生使用英文，但在口语交流方面不限定学生所用语言的方式，保证了学生在能够得到适当锻炼的同时不会觉得压力过大。王曾晖还在办公室挂了一幅他中学语文老师的书法作品《为学》，经常用蜀鄙之僧去南海的故事，来激励学生培养"天下事有难易乎？为之，则难者亦易矣"的心态，鼓励学生勇于探索，勇于尝试。

"面对不同的学生群体和环境，我需要根据具体情况来适当地进行优化和调整。在这个过程中，我能从同学们身上得到有用的反馈，汲取一些新知识和经验。所以说，回国后在指导学生这件事情上，我自己也是在不断地学习和成长。"王曾晖说。

一往直前： 成长无止境， 永远在路上

在逐渐成长与进步的同时，王曾晖也慢慢成为提携新生力量的"前辈"，常受邀分享自己的经验与体会。在与同事们的接触与交流中，王曾晖的内心感触颇深。

"我觉得非常幸运，有机会为比我更年轻的老师们提供一些力所能及的帮助，就像从'运动员'成长到了'教练员'。伴随角色的转换，于个人而言也是一种学习和成长。我们自己虽然是老师，但其实在前辈面前，我们永远都还只是学生。"

无论是过去面对重新适应国内学术环境的挑战，还是如今对于自己未来的规划和展望，王曾晖的态度都始终如一。"我的角色也许会在无形中时不时来回转换，比如有时候客串一下'教练员'；但同时，我自己肯定还会继续以'运动员'的身份，一直奔跑在路上。因为后面还有新的目标，还有新的征程，我要在这条路上继续努力。"

回忆在电子科技大学工作的经历，"我觉得特别幸运"，王曾晖说，自己从一个啥都不懂的海归愣头青，在前辈的指引和教导下慢慢成长，到现在能够为新参加工作的年轻老师提供一点帮助；这种传帮带的模式，也体现了一代又一代成电人不断进取、继往开来的精神。

"工作中最让我体会到成就和满足的，是这样的传承不仅体现在老中青科研工作者之间，也体现在师生之间。这种'继往开来'，不正是对我们中华文明中为师者'为往圣继绝学，为万世开太平'最好的体现吗?"说话间，一道暖阳穿过基础院新大楼崭新的窗户，照在他微笑的脸颊上。

（文：罗莎 董云鹏）

个人简介：

王曾晖，男，1978 年 1 月生，博士，教授，博导，国家杰出青年科学基金获得者（2023 年）。2010 年获美国华盛顿大学物理学专业博士学位，美国康奈尔大学博士后研究员（2010～2012 年），美国凯斯西储大学研究员（2012～2014 年），美国凯斯西储大学高级研究员（2014～2016 年）。长期从事新型半导体材料器件特别是微纳机电器件研究，累计在 Science、Nature Physics 等期刊上发表相关论文 30 余篇。目前担任《中国科学：信息科学》编委会成员及青年编委，《物理学报》的青年编辑工作组成员，中国仪器仪表学会微纳器件与系统技术分会理事，以及多个 IEEE 国际会议的技术委员会成员，当选 2023 IEEE Distinguished Lecturer（杰出学术报告人）。主持国家杰出青年科学基金项目，国家自然科学基金原创探索计划项目，联合基金重点项目，国家重点研发计划项目等。

⊙ 我心安处是吾乡

　　当生活过得紧凑、充实且顺心的时候，时间就像按下了加速键。我还来不及细数每一年我都干了些什么，来电子科技大学基础与前沿研究院工作就六年整了，我也匆匆忙忙地、未有任何仪式地步入了"不惑之年"。这六年，让我收获的不仅仅是一篇篇论文、一个个项目、人才称号，更重要的是变得温和的心与平和的心态。

邹权　教授

　　2018年秋天，我抱着试试看的心态来基础院转了转。那时基础院在电子科技大学沙河校区通信楼的7～9层，沙河校区位置极佳，基础院的装修风格与传统高校实验室完全不一样，干净、紧凑、以暖色调为主。初次见到王志明院长，一个很慈祥的长者，好像只聊了不到十分钟，只是简单地表示欢迎加入，并未提及任何优越的待遇，看得出他很珍惜时间，没有任何夸夸其谈。我觉得他是一个和我一样的人，简单、直接、诚实，对领导的信任感，也是我做出选择的重要因素。之后饶渐升书记带我来到通信楼905房间，是一个标准、紧凑的办公室，已经被提前打扫得一尘不染，办公桌、沙发、书柜、茶几，让十几平米的房间显得井井有条。坐在9层的办公室，窗外沙河校区的风景尽收眼底，吹着沙河校园里最高楼层的风，说实话，那一刻我直接"投降"了。我太喜欢这个环境了。也许没有人能够理解，一个年轻的科研工作者对"安静、独立"办公室的渴望。那时，905办公室就是我的家，而家只是一个睡觉的宿舍。

　　就这样，被电子科技大学所吸引，被基础院的环境所降伏，我加入了基础院。那年12月，我坐在成都的出租车上，窗外十年不遇地飘起了雪花，落地即化。司机很兴奋地说从没见过这么大的雪，那一刻，从小生长在东北的我忽然有点想家，也想起了一千多年前杜甫的一句诗"支离东北风尘际，漂泊西南天地间"，我是否也能"暮年诗赋动江关"？

　　基础院的工作是顺利的，我入职之后的第二年获得了"国家优秀青年科学基金"项目的资助，之后还主持了国家自然科学基金的"重点"项目和"原创"项目。最近又有两名博士后出站，以特聘副研究员的身份留到了我的团队，加上硕士生、博士生和博士后，偶尔也有访问学生。我的科研小团队就像我的办公室一样紧凑、和谐。对于基础研究的学者来说，合理的经费、紧凑的办公室、适当规模的团队和自由的研究空间，就是最理想的氛围。

除了宽松的科研环境，基础院也给予了我们最宽松的管理政策。学校和研究院鼓励教师开展跨学院、跨学科合作，恰逢电子科技大学成立长三角研究院（衢州），我也双聘到衢州研究院，得到了更多的经费和人员支持。科研人员有时就像风筝一样，放得越松可能飞得越高。转眼间基础院即将迎来建院十周年，这一片温暖且宽松的沃土正孕育出一棵棵基础研究的栋梁。我走过千山万水，发现这里才是"我心安处"，这里让我心态平和、荣辱不惊，这里让我的科研生活紧凑充实，能把所有的时间用于自己喜欢研究的课题上。

个人简介：

邹权，男，1982 年 10 月生，博士，教授，博导，国家杰出青年科学基金获得者（2024 年）。2009 年获哈尔滨工业大学人工智能与信息处理专业工学博士学位。主要研究方向为生物信息学、机器学习和字符串算法。目前担任 SCI 期刊 *Current Bioinformatics* 和 *Computers in Biology and Medicine* 主编，多个 SCI 期刊副编辑、编委和客座编辑；入选科睿唯安 2018～2023 年全球高被引学者，2020～2022 年爱思唯尔中国高被引学者；第十三批四川省学术和技术带头人（自然科学）；主持国家自然科学基金原创探索计划项目、优秀青年科学基金和重点项目。

⊙ IFFS——四川盆地中的璀璨明珠
（IFFS - A jewel in the crown of the Sichuan Basin）

当中国这个东方古国毅然决然地扬起风帆，要在第四次工业革命的壮阔浪潮中领航前行时，学术界、工业界与社会经济的深度融合便成为铸就这一梦想不可或缺的基石。在这片热土上，电子科技大学以其在电子工程领域的先导优势，在 5G 通信、材料技术、纳米科技、智能机器人、量子计算领域发挥着重要作用。回溯至 2013 年初访之际，我目睹了在诗意盎然的四川盆地心脏——成都，一群未来之星的决策者们正以研究生教育为基石，绘制着一幅构建顶尖研究殿堂的壮丽蓝图。2014 年，基础与前沿研究院（IFFS）应运而生，犹如一颗新星，在时间的洗礼下逐渐绽放出耀眼的光芒。十年磨一剑，基础院已从稚嫩的幼苗成长为参天大树，成为全球科研精英们探索未知、追求真理、磨砺学术锋芒的

Arup Neogi　教授

学术高地。这里，不仅是创新思维的摇篮，更是科学发现启航的港湾，吸引着国内外学者纷至沓来，共襄学术盛举。

When a nation decides to play a key role in the so - called fourth industrial revolution, the seamless contribution towards this effort by the academic, industrial, and socio - economic units plays a critical role in realizing the dream. The University of Electronic Science and Technology of China, with one of the premier Electrical Engineering programs in the nation, plays a critical role in the technological development of fifth - generation telecommunications networking (5G), materials technology, nanotechnology, robotics, and quantum computing, contributing to this endeavor. When I first visited UESTC in 2013, I learned about the ambitious plans of the futuristic decision - makers to invest in a radically new research institute based on just a graduate program within this idyllic Sichuan Valley's bustling city of Chengdu. It was an organization aim to fast track the research portfolio to greater heights within a limited time frame. The Institute of Fundamental and Frontier Sciences（IFFS）, established in 2014, with ten years in the making, it has sprouted into a hotbed of innovation, discoveries, and academic training ground for local and international researchers from around the globe.

作为这段辉煌历程的见证者与参与者，我深感荣幸之至。基础院，这个低调而实力雄厚的国际合作枢纽，以其非凡的胆识与前瞻视野，跨越国界，编织着一张张紧密的合作网络。作为北德克萨斯大学的杰出教授，我有幸在 2016 年获得得克萨斯州的鼎力支持，与基础院携手并肩，共同启动了中国西南研究计划，在纳米光子学、集成光子学及声子学的广袤天地中辛勤耕耘，收获着知识的累累硕果。那些年，作为基础院的兼职教授，我有幸邂逅了来自五湖四海的杰出学者，并共谋基础院的学术未来，友谊与合作之花也在每一次思维的碰撞中悄然绽放。尤为令人振奋的是，基础院犹如一块强大的磁石，吸引着无数怀揣科研梦想的年轻学者纷至沓来，至今已汇聚成一支超过 50 人的精英团队。他们以不凡的才华与不懈的努力，在全球科研舞台上崭露头角。基础院汇聚了国内顶尖的材料科学家、纳米技术专家和量子理论家，在他们的引领下，基础院的科研之路越走越宽广。而这一切的辉煌成就，都离不开王志明院长的非凡远见与卓越领导。他不仅是基础院科技梦想的筑梦师，更是国际化师资队伍的精心培育者，不断为研究院注入新鲜的国际血液，使之成为中国西南地区国际师资、博士后及优秀学生最为集中的学术高地。

I have worked closely with IFFS since its inception and have observed it grow by leaps and bounds as an academic institute with its own character and traits. Unknown to many, I have experienced IFFS as an unadvertised and unassuming center of international collaborations. IFFS stands with its bold and forward – looking initiative to expand collaboration within China and worldwide. As a Distinguished Professor at the University of North Texas, I established a Southwest China research initiative with IFFS with the support of the Texas system in 2016. My early collaborations enabled us to host IFFS/UESTC – supported students and postdoctoral fellows in Texas, leading to long – term collaboration in nanophotonics/integrated photonics and phononics. I had the incredible experience of meeting renowned researchers from Australia, the UK, Singapore, and the USA as a former adjunct faculty member at IFFS from 2015 – 2018 which matured in to future research collaborations. It was exciting to see the motivated young researchers join the rank of the faculty of IFFS for the membership to swell beyond 50. It has been heartening to observe the encouragement provided by the administrators to these young researchers based on the achievements that made them excel globally. The Institute has successfully hired material scientists, nanotechnologists, and quantum theorists who have made their name nationally. The Institute has been led by a Director with a vision that fathoms well for the technological ambitions of China. He has constantly encouraged and enabled the diversity of the faculty members by driving international recruits not only at the student level but also at the faculty level. It has led to an institute with the most international faculty members, postdoctoral fellows, and students in Southwest China.

2021年，当我面临职业生涯的新选择时，面对日本或欧洲知名机构的盛情邀请，是基础院深厚的学术底蕴、自由的学术氛围以及丰富的资源支持，让我毅然决然地选择了电子科技大学这片科研沃土。自2014年起，与IFFS结下的不解之缘便让我对其产生了深厚的情感联结。2022年，我正式成为电子科技大学这个温暖大家庭的一员，与众多国内外的研究生及博士后并肩作战，在基础院这片科研热土上共同书写着新的篇章。基础院独特的学术体系，在保障学术自由的同时，亦不忘追求卓越。它为每一位教师提供了广阔的舞台，让智慧与才华得以尽情展现。对于外籍教师的关怀与支持更是无微不至，助力我们赢得了从省级到国际的诸多荣誉与认可。

While exploring a suitable research institution for a career move in 2021, I had the opportunity to move across to Japan or as a group leader in an EU Institution. However, the academic strength of IFFS and the academic freedom and resources provided by IFFS drew me to join the University of Electronic Science and Technology of China. IFFS was not a new place for me as I had the opportunity to work closely with some of the former international students at the Institute since 2014. We had regular joint publications that led to their doctoral degrees from UESTC. I joined UESTC as a full-time member in 2022. It has been a fruitful couple of years working closely with a dozen or more graduate students and international postdoctoral fellows. Despite a different system at IFFS, it is a pleasant surprise to experience the support provided by the Institute and the University for meritocracy and excellence without compromising the academic freedom for research and development. The support provided to the foreign faculty members is commendable. This support has enabled foreign faculty members to win provincial, national, and international accolades.

在基础院，外籍老师们无论在学术探索方面还是个人生活方面，都能感受来自研究院无微不至的关怀与支持。这里，有着温馨如家的氛围、友善的同事、友好的行政管理团队，以及来自世界各地的学术同仁，共同构建了一个多元而包容的学术特区。我的研究生团队是由一群认真、谦逊、真诚且充满活力的年轻人组成。尽管最初他们或许带有些许的害羞与犹豫，但随着时间的推移，他们的才华与热情如同璀璨星辰般熠熠生辉，让我对基础院的未来充满了信心与期待。展望未来，我坚信凭借强大的科研实力与不懈的创新精神，基础院定能在多个关键领域实现重大突破，为中国乃至全球的研究、发展与应用贡献出不可估量的力量。能够与这样一个年轻而充满活力的机构并肩作战，共同开启科学技术的新篇章，是我此生莫大的荣幸与骄傲。

There is strong support both in the academic and personal aspects of life that can be a big adjustment to any foreign faculty starting in a non - English speaking nation—an institute with friendly staff and administrators who strive hard to make it home for us. It is not surprising that the Institute is home to faculty members from various parts of the world and has the most number of foreign faculty within the University. Despite their initial shyness and hesitation, my core group of graduate students are earnest, humble, sincere, respectful to their peers, and always willing to learn and help. With the strength of the core group of researchers, I strongly believe that IFFS is poised to provide significant breakthroughs in various key areas to potentially shift the future balance of research and development and applications in the national and international scenario. It has been a privilege to tie up my future endeavors with that of this young and dynamic institution that can take all of us to the next level of achievement in science and technology.

个人简介:

Arup Neogi，男，1967 年 2 月生，博士，教授，博导，美国光学学会会士。1999 年获日本山形大学电子与信息工程专业工学博士学位。主要研究微纳结构在集成光子、量子科技、柔性电子、再生能源等交叉前沿领域的基础应用。国家重点研发计划项目负责人，其在光子学和声子学领域发表了 210 余篇同行评审文章，被引用次数超过 4500 次。荣获"2022 年度四川省国际科学技术合作奖"，入选 2022 年度四川省"天府峨眉计划"创新领军人才项目，入选 2024 年度"美国光学学会会士"。

⊙ 求索与突破　聚焦基础领域的拓荒

笃定初心，历经岁月长河

崔春华　教授

长期的国外留学深造，崔春华感受颇深。在他看来，开放、自由、务实的科学研究精神不仅成为他留学生涯中催生硕果的温床，而且还是他之后一切求索路上的期待。也正是这样的期待，2017 年，回国后的崔春华怀着科学求索的激情和对家乡的情怀，加入了电子科技大学基础与前沿研究院。"成都就是我的家乡"，崔春华笑笑说道，"我这也是怀着能为家乡做点什么事情的初衷回来的"。

时间无言，但它已悄然走过。回过头来，2024 年已经是崔春华加入基础院的第 7 个年头了，如今更加坚定了自己以及团队的努力方向。刚来时，基础院仅成立三年，在平台搭建、科研硬件等方面都很薄弱、匮乏。但学校及基础院非常重视跟他一样怀揣理想抱负的科研工作者，在他的生活和工作中面临许多现实难题时都得到了及时解决，科研中暴露的短板也在学校和基础院同仁们齐心协力攻坚克难下有了改变。提到此，崔春华感慨之余更多地流露出了感激。在崔春华看来，他依然崇尚创新、自由、平等的科学研究精神，纵然前方仍有漫漫鸿沟，但是一切在慢慢变好。

今天的基础院不仅是"换了大楼""换了容颜"，更是"换了精气""换了姿态"，基础院就如同其学科定位一般，在之后的建设中必然能为学校在高水平研究领域闯出更多新路子，融合国家科学战略大局，助力国家基础科学创新发展，顺应时代的呼声。

静水深流， 聚焦基础科学

七年求索拓荒、七年春华秋实，在基础科学领域的不断深耕，崔春华教授及其团队取得了许多引以为傲的成果。截至目前，其成果已经登上 *Science*、*Nature Mater.*、*Nature Commun.* 等国际期刊。这些成果的取得并不容易，对于崔春华而言，一方面要克服在科研平台建设方面的短板，包括技术难题、设备采购和人才引进。进行科学攻关需要成熟的科研平台，而这需要先进的技术支持，但这些技术是昂贵且不易获取的。除此之外，培养研究领域的专业人才也是一项长期且艰巨的任务；另一方面则是学科属性。任何一项成果的取得，都需要长期的积淀和数次试错，这一学科规律在基础科学领域更能得到验证。在成果出来之前，一切都是未知，这个过程很孤独，也很漫长，因为它漫长所以需要团队的所有人忍受单调、克服焦虑，承担未知的痛苦和风险。"衣带渐宽终不悔，为伊消得人憔悴"说的正是像崔春华一样沉得住气、敢于拓荒的科研工作者。基础科学的求索是一个漫长而曲折的过程，取得成功需要坚定的信念和持之以恒的努力。与此同时，崔春华说，要保持开放的心态，乐于尝试新的思路和方法，"十年磨一剑，好在最终走出来了"。

在求索过程中，崔春华展现了一位科研工作者对自我定位和研究方向的深刻思考。他在长期的科研实践中不断积累经验，对自己的研究方向进行了反复的审视和调整。"一个经常会面对的问题是，自己及团队长期在某一领域做功课，最后却发现别人已经走在前头深耕了，这个时候就走向了十字路口"，这时候也就只能另辟蹊径。正是在不断地尝试和摸索中，崔春华及其团队确定了分子电化学领域的研究方向，后续不断产出的科研成果也证明了作为科研工作者应有的理性和在挑战中追寻真理的可贵精神。目前他及团队科研方向正是回应了时代对基础科学的迫切亟须，当外界聚焦潮流、追随五彩斑斓的学术热点之时，崔春华及其团队则在努力尝试为科学研究的大厦夯实根基，他们也乐在其中。"就像水，大家都知道化学实验中加入水可以加速催化，但为什么可以加速催化，却很少有人说清楚，我们的努力就是要找到其深层次的原理"。

不过，当问及崔春华追求学问的态度，他回答自己的选择也并非是规避热点、拒绝潮流，未必是出于"众人皆醉我独醒"的清醒，而是保持理性思考，对科研的实际情况有清晰的认识，不是盲目地追求新颖而忽略前人的经验和成果。另外，结合自己的研究经历，他更多地鼓励年轻人可以不断去试错，并非要局限于一成不变的领域，而是敢于探索更多新的可能性。灵活性可以为我们提供更广泛的视野，帮助我们在探索过程中发现更有前瞻性的问题和方向，虽然试错的成本在短时间内可能会让人感到迷茫和失望，但从长远来看，它能够让一个人科研的道路走得更远。

学海明灯，期冀学生成长成才

在与团队成员相处中，崔春华给予团队成员更大的自由度，以激发其创新活力，形成积极向上的科研氛围，推动整个团队不断有所发现、有所突破。这实际上构建了一个科研共同体，让不同层次的研究者能够互相启发、相互促进，在团队协作中共同攻关，最终让每一个成员有所收获、有所成长。崔教授始终期望团队成员乃至基础院其他同学，甚至更多的青年研究者，不必在意过去的遗憾和曾经的半亩方塘，进入科研求索的大门，能够收获真实，也能够真实成长。

（文：付晓轩）

个人简介：

崔春华，男，1981 年 11 月生，博士，教授，博导，国家级青年人才。2011 年获中国科学技术大学纳米化学专业理学博士学位。长期从事分子电化学领域研究，在新材料、新概念和新工艺领域研究发现了组分各向异性合金催化剂，提出可适应性和动态电催化剂概念。致力于开发分子和原子尺度模型催化剂，理解催化反应和界面电化学过程。同时，致力于燃料电池和人工光合成等新能源产业化领域。近年来，在包括 *Science*、*Nature Materials* 等国际知名学术期刊上发表学术论文近 70 篇。受邀分别在 ACS 和 Wiley 撰写第一作者专著 2 章。文章总引用 >5000 次，H 因子 33。研究成果被包括 *Nanowerk*、*Nanotechnology News* 等在内的众多专业媒体报道。担任 *Chinese Chemical Letters* 编委。

⊙ 科研路上的坚持与探索

责任担当， 热忱追求

当被问及为什么要选择光电子半导体研究领域时，巫江表示："当前，我国在信息与通信技术领域面临一些挑战，特别是在 ICT（信息与通信技术）方向上。而在这个领域中，半导体材料是极为重要的上游领域。不论是信息技术还是通信技术的各个分支，半导体都是其核心支撑。"正是这份责任与担当，驱使巫江踏上了半导体之路。

巫江　教授

"在过去几十年中，电子芯片一直占据主导地位，而光电器件和光电芯片在一些相对小众的领域发挥着重要作用。然而，在人工智能、物联网、5G 和 6G 等领域，光电技术的市场份额越来越大。光电技术在信息技术领域的重要性不断增加，因此我们希望在行业的发展中作出贡献。"

巫江对光电子、半导体的研究充满了热情和执着。他坚信，只有通过不断地探索和创新，才能打破国外技术封锁，实现我国半导体技术的自主可控。巫江深知半导体的重要性，他指出："我们的目标是满足国家战略需求，解决技术和产业能力不足的问题。我们希望在行业和学科发展的道路上进行研究。"怀揣着这样的目标，巫江一路前行。

缘定基础院， 志追学术海

电子科技大学是巫江的母校。对于母校，总会有些不一样的感情。"基础院是一个学术特区，这里有很好的学术氛围，有很多优秀的学者。这对我来说是一种激励，也是一个国际化的平台。我们有很多高水平的国际师资，20% 的外籍教师，而且超过 90% 的教师都有海外经历。这使得基础院具有国际视野，开展了很多国际合作"。

在自由的环境中，巫江可以心无旁骛地从事自己的研究事业。"基础院是一个相对自由的研究院，教师在科研空间和灵活度上有更大的自由度。对于像我这样从海外回来的教师，我们可以更好地对接研究需求。另外，基础院的许多教师研究背景都具有交叉学科的特点，他们可以探索在某个学科领域找到最适合自己的方向。我认为这是一个很好的平台，可以进行自由探索"。在这样轻松自由的环境中，基础院还给予了巫江极大的支持与帮助。因此，巫江得以在科研的海洋中遨游，创造出更具价值的科研成果。

巫江对基础院的感情，源于他对教育的热爱和对学术的追求。"在工作和研究中，并非一帆风顺。但是学校和研究院都给予了我很多支持，特别是学校的职能部门和基础院的行政力量，为我们提供了许多服务和支持，让我非常感激"，他感谢基础院为他提供了良好的工作环境和丰富的资源，让他能够不断地进行科学探索和发现。他也感谢基础院对他的信任和支持，让他能够在学术领域中取得成就。

巫江与基础院的深厚感情，不仅仅是一种情感的纽带，更是一种精神的传承。他希望自己的学生能够继续在基础院这片热土上茁壮成长，为祖国的未来贡献自己的力量。这种深厚的感情，也成了巫江与基础院之间永恒的记忆。

一路同行，　展望未来

对于基础院的未来，巫江有着一番不一样的见解："对于基础院的未来发展，我认为有很多机会。我希望基础院能够继续发挥在基础研究方面的优势。我们已经聚集了许多优秀的青年教师，他们富有活力和能力。希望这些青年教师能够产生更多的科研成果，在重要基础研究领域实现从 0 到 1 的突破。不仅在国内，在国际学术界也能取得更多的影响力"。巫江进一步提出了对基础院发展的建议："我还希望基础院能够在自由探索的基础上，更好地为学科建设服务，在信息技术领域成为主流学科的支撑。不论是在数学、物理、化学还是生物学等基础研究领域，基础院能够与其他传统学院更紧密地合作，实现技术研究的突破，并为课程设置提供支持"。

作为老师，巫江对同学们寄予厚望："希望基础院的同学们能够真正成为未来的领军人才，无论是在基础研究还是应用技术研究方面。因为我们电子科技大学是整个行业中的重要学府，基础院在学术上也具有较高地位，这里的许多老师具有优秀的学术背景。"巫江对年轻学子充满期望，他补充道："在这样的氛围下，我希望未来能够培养出更多的优秀毕业生，并期望他们能够成长为基础研究和应用技术研究领域中的大师级人才。"

（文：王梦鑫）

个人简介:

巫江，男，1982 年 10 月生，博士，教授，博导。国家级青年人才、中国光学工程学会理事、英国高等教育学会会士、意大利教育大学与科研部注册专家、爱思唯尔中国高被引学者。2011 年获美国阿肯色大学电子电气工程专业工学博士学位。长期致力于化合物半导体材料、半导体光电器件以及光芯片的研究，在 *Nature Photonics*、*Nature Electronics* 等国际高水平期刊上发表 SCI 论文 200 余篇，申请专利 40 余项，编著出版英文学术图书 5 部。在相关方向作为项目负责人和共同负责人承担国家重点研发计划、国家自然科学基金、英国工程与自然科学研究委员会等项目或课题 20 余项。曾任伦敦大学学院终身教职及博士生导师、英国未来化合物半导体制造研究中心 Key Principal Investigator。兼任多个学术期刊编委成员，包括 *Discover Nano* 主编、《实验科学与技术》和 *Nano – Micro Lett.* 编委等。

⊙ 笃行致远　不负韶华

从我来到基础与前沿研究院参加工作已有五年，回望自己一路求学和工作的经历，不免颇有感慨。在基础院成立十周年之际，忆一忆来基础院的缘由经纬，理一理在成电的点点滴滴，写一写心中的所思所感。

苏轼有诗云："人生到处知何似，应似飞鸿踏雪泥；泥上偶然留指爪，鸿飞那复计东西。"作为在国外高校有过多年辗转求学和就职经历的青年学者，或多或少都能感受到这"雪泥鸿爪"的心境。2010年春天，我前往日本东京大学求学，2015年毕业之后，先后到别的研究室和高校工作。每一次搬家，每到一处新的工作环境，犹如飞鸿踏雪，心知当下只是稍作停留，终究是要离去，另寻他处。那些生活过的痕迹，追逐过的目标，还有奋斗过的篇章，也不过如雪地上的爪印，在离开之后亦会慢慢地消逝淡去。

周冠宇　教授

本以为自己会在日本继续波澜不惊的生活，然而人生路上，或偶然或必然，总有一些奇妙的际遇，相识有趣的人，结下美好的缘。大概是在2017年的冬天，也是一个银杏纷飞、满目金黄的时节，我参加了一场在东京大学的宣讲会。从基础院饶渐升书记充满激情的演讲中，认识了电子科技大学，也认识了基础与前沿研究院这个人才济济的科研平台。命运有时候恰恰在人不经意之间峰回路转，改变人生的轨迹。

正式入职电子科技大学是在2019年年底，从东京到成都，没有犹豫和踌躇，步入新天地，开启新生活。如果说成都给我的第一印象是冬日的天气和火锅，基础院给我的第一感觉则是亲切诚恳和朝气蓬勃。前一天的我还在东京理科大学指导学生的毕业设计，后一天就坐在沙河通信楼的办公室里准备研讨会的PPT。适应新环境的过程意外的"丝滑"，开展新工作也没有遇到多少磕磕绊绊，大概是因为成都的烟火不拒外地人，基础院的氛围让人如鱼得水。当然做数学的人一般适应能力都不差，因为对于研究数学的人来说，除了黎曼、哥德巴赫猜想和千禧七大难题等，世间或许并不存在太多难以解决的问题。我的研究和教学工作在这里有条不紊地进行着。

基础院的科研氛围浓厚，云集了天南地北的英才，汇聚了诸多学科的专家。大家在畅谈中掌握前沿新知，在交流中碰撞灵感火花，在讨论中走出思维误区，在共事中找到科研路上的好伙伴。常言道近朱者赤，当身边环绕着一群各个领域的优秀科研工作者时，无形之间也促使自己走出既有的研究领域，去广泛涉猎，去尝试交叉融合。学科之间的融合与交叉是科研工作的一大趣味所在，正所谓什么都略懂一点，生活也能更精彩一些。

在国内的学术圈如何发展几乎是每一个归国学者都要思考和面对的问题，基础院一直不遗余力地支持青年教师的成长，不管在科研上还是在教学上，为教师发展提供充分保障。前辈们闪亮的科研成果，也激励着我努力精进。另外丰富多彩的教研活动和党建学习也值得一提，其乐融融的集体活动不仅缓解了工作中的压力，也促进了人与人之间的情感纽带。

回国之后的我，确实感受到在国内做研究，有着更大的机遇与挑战，笃行致远，不负韶华。在基础院五年有余的时光，让我找到了归属感，衷心感谢学院每一位同事的付出和帮助，祝愿基础院前行的道路上繁花似锦、硕果累累。

个人简介：

周冠宇，男，1988 年 10 月生，博士，教授，博导，国家级青年人才。2015 年获日本东京大学数理科学专业理学博士学位。主要从事偏微分方程的有限元方法和有限体积法以及数理方程的理论研究，有多篇研究论文在 *SIAM. Numer. Anal.*、*Numer. Math*、*J. Sci. Compt* 等国际著名计算数学期刊上发表。理论研究的应用方向涉及流体力学、生物数学、机器学习和神经网络、高性能计算等领域。

⊙ 科研路长唯奋进

专业之路抉择：遵从兴趣，长期坚持

"我们当时并没有像现在这么专业的职业规划或者专业选择的指导，更多的还是基于自己的兴趣"，白赛回忆自己多年前选择专业时，主要因为材料科学具有贴近生活的学科属性，生活的方方面面都离不开材料。选择半导体材料作为自己的研究方向，也是因为在信息时代，半导体材料和元器件发挥着不可替代的作用，而自己也恰巧对这方面有着浓厚的兴趣。

白赛 教授

当被问道，在选择研究方向的时候，有没有想到现在半导体行业这么火热时，白赛坦言10多年后的行业发展是很难判断的，但选择好自己感兴趣的方向，聚焦领域内关键问题并长期坚持更为重要。

正因为求学秉持着兴趣导向的想法，谈到自己的课题组氛围和对学生的要求时，白赛尤其重视"自驱力"与"兴趣"两点。自驱力能推动学生自发地进行科研探索，而兴趣能帮助学生更长久地投身科研工作。白赛遵从学生自己的意愿，学生在选择研究方向时，他很乐于和学生一起深入讨论，然后再共同敲定研究课题。

科研之路探索：道阻且长，行则将至

回忆自己的科研起步阶段，白赛说，博士的前两年更多地处于实验室搭建和学习阶段，第三年才真正开始系统性的研究，时间较为紧张。但也就是在紧张的科研工作中，他也意识到自己在博士前两年磨炼的科研素养和动手能力对后续工作的开展起到了很大的促进作用。

进入博后阶段，白赛说自己用了四年的时间只完成了一个课题。"我博后阶段的研究聚焦新型钙钛矿太阳能电池的运行稳定性问题，这个方向本身是在领域里面

较为小众，涉及多种材料和器件界面问题的全面理解和协同调控，研究耗时长，推进难"，白赛当时坚定地认为，钙钛矿太阳能电池的运行稳定性是该新型光伏技术实际应用的关键痛点，也是整个光伏领域对其应用前景的最大顾虑。虽然是小众的研究方向，但如果没有真正解决它实际应用的光热稳定性，钙钛矿光伏领域很难有大的突破，所以他毅然在这个问题上深耕多年。经过大量的深入实验和艰难探索后，课题终于有了突破性的进展，最终在国际上率先实现了高光热稳定的高效钙钛矿太阳能电池。

在推进该课题研究的过程中，白赛开展了大量的探索性实验，其间也经历了无数失败和常人难以想象的挫折。对此白赛补充说，面对挫折失败，一定要有乐观的态度。"道阻且长，行则将至，每一次失败都是一次修正'成功罗盘'指针的机会"。

未来之路展望：携手成电，共建新功

在海外从事科研工作近八年之后，白赛选择了回国。他用"归属感"和"荣誉感"来回答自己为什么要回来。炎黄子孙的归属感，作为中国人的荣誉感，白赛说"基于这两点考虑，回国发展是必然的选择"。

由于电子科技大学在半导体材料和器件领域的行业优势，正好与自己的个人兴趣以及研究方向不谋而合，选择电子科技大学也并不是一个令人意外的选择。

进一步被提问"为什么选择基础院时"，白赛给予基础院很高的评价：基础院有着良好的国际化氛围，可以给老师们创造一个自由宽松的学术科研环境，也能够在软硬件方面提供非常好的基础支持。并且，基础院的研究方向具有交叉学科的特点，他可以与相近领域的老师无障碍地开展学术交流，非常有利于拓展研究方向。

"建院十年来，基础院长期深耕基础科研，坚持探索前沿方向，作为成电的学术特区，已汇聚了大批具有国际视野的年轻科研人员，未来必将会为学校的学科建设持续做出更大贡献。"白赛对基础院的未来充满期待。

（文：任正梁）

个人简介：

白赛，男，1988 年 7 月生，博士，教授，博导，科睿唯安全球高被引科学家，国家级青年人才。2014 年获浙江大学材料科学与工程专业工学博士学位。研究方向为量子点和金属卤化物钙钛矿等新型半导体材料及其光电子器件应用，包括太阳能电池、发光二极管（LED）、薄膜晶体管（TFT）及光电/高能射线探测器等。主持基金委、科技部、瑞典研究理事会、瑞典创新局及欧盟玛丽居里基金会资助的多项光电器件相关项目/课题。迄今共发表 SCI 论文 70 余篇，其中 19 篇入选 ESI 高被引论文，9 篇入选 ESI 热点论文，3 篇论文被收录至 *Nature* 杂志的 "Perovskites for

Optoelectronics"专栏。连续两年（2022 年、2023 年）入选科睿唯安"全球高被引科学家"（交叉学科）榜单。以第一/通讯作者（含共同）身份在 *Nature*、*Nature Materials*、*Nature Electronics*、*Chem. Soc. Rev.*、*Joule*、*Nature Communications*、*Adv. Mater*、*Angew. Chem. Int. Ed.* 等著名学术期刊发表论文 30 余篇；受邀担任 *Nature Photonics*、*Nature Energy*、*Nature Nanotechnology*、*Nature Electronics*、*Joule*、*Adv. Mater*、*JACS*、*Angew. Chem. Int. Ed.* 等国际著名学术期刊的独立审稿人。申请 PCT 专利 1 项、中国发明专利 4 项。研究成果被 *Nature Electronics*、*Matter*、*Chemical & Engineering News*、*Science Daily* 等专业期刊及行业媒体多次点评报道。

⊙ 科研路行未央　基础院心相联

作为一名 fresh PI，踏入新的研究单位无疑是一次充满期待和挑战的征程。这个过程不仅是对个人能力的挑战，更是一次领导者角色的转变。从原先的执行研究者到如今掌舵团队方向的领导者，这一转变往往伴随着各种情感和责任的交织。入职一年之际，非常荣幸能够见证基础院十周年，也希望借此机会回顾过去的点点滴滴。

基础院的接纳与支持

在基础院，经历了许多让我铭记和感动的第一次。在学校沙河校区茶馆与院领导的首次见面，在清水河校区宾诺咖啡与基础院老师们的初次交流，行政接待老师张然对各类问题的耐心解答和帮助，都使我难以忘怀。自加入基础院以来，院领导和同仁们一直对我关怀备至，热心向我提供帮助，毫无保留地跟我分享他们在基础院工作和成长的经验与心得，使我迅速地融入新环境。这种开放与包容的氛围，让我感受到自己不仅仅是一位研究者，更是这个集体的一分子。院领导们对团队的科研项目进展的实时关心，以及对每位团队负责人职业发展的高度关注，都让我对未来充满了信心。

毛晓伟　教授

在教授会上，院长和书记对我的到来表示了热烈欢迎，并对我在过往研究中取得的科研成果给予了高度赞赏。他们强调了对我的信任和期望，这使我深感肩负责任之重。那一刻，激动是最先涌上心头的情感。这是对自己过去努力的肯定，也是对未来挑战的迎接。基础院领导们的开明和远见卓识让我深刻体会到，这里是一个真正注重创新、培育人才的学术机构。他们不仅积极鼓励团队成员在研究中追求卓越，更鼓励跨团队合作和跨学科研究。作为基础院生物医学领域的团队之一，我深感自己踏入了一个全新的职业领域，责任和期望在心头涌动。同意并认可我担任团队负责人，既是基础院对我前期研究的高度认可，也是对我未来工作的更高期望。这一年中，我也在研究方向、实验室团队文化建设和对外合作等方面取得了一定成绩，我深知这些成绩除了自己的努力和拼搏，更离不开领导和同事们的支持和帮助。

研究方向的设定及规划

在基础院的研究工作中，我投入了大量时间重新审视并选择符合基础院和学校在前沿交叉领域的总体研究方向，分别制定了长期和短期的研究计划。这不仅仅是为了追求学术的高峰，更是为了探索科学领域的未知。制定明确的研究方向，需要对相关领域进行深入了解，也需要对科学问题保持独特的洞察力。尽管这个过程充满挑战，但也正是挑战让这条科研道路变得更加有趣。

实验室的建设和管理

作为团队负责人，意味着我需要承担起团队的建设和管理责任。招募、培训和管理团队学生和成员不仅仅是团队管理工作，更是对团队成员的发展引导。我致力于营造一个积极向上、充满创造力的团队氛围，让每位成员都能找到其自身价值所在。团队的成功不是依赖于某个人的成就，而更在于大家的协同合作。在此过程中，我更要肩负起实验室文化塑造者的责任，因为文化不仅关乎研究方法和技术的传承，更关乎团队协作和合作文化的建设。我的团队成员来自生物医学和计算机科学等多个领域，如何与团队成员建立良好的关系，促进他们充分发挥自身的科学强项及交叉合作，是我领导实验室建设和管理的首要任务。

院内外的沟通与合作

初到基础院时，院领导和老师们给予了我诸多支持与帮助，不仅帮助我学习和了解基础院的运作机制、为我介绍学术资源，还全力支持我申报各类人才项目，并指导我PPT的制作。这样的关心和支持让我备受鼓舞，同时也让我对基础院这个学术大家庭中的发展充满期待。作为项目负责人，我还要负责管理团队的项目和资源分配，以确保其得到合理有效的利用。编制预算、监督开支、项目按期结题等都需要我具备高效的资源管理能力。我更加深刻地认识到，科研不仅仅是理论研究和实验探索，还包括如何在有限的资源条件下实现产出最大化。为此，我很快意识到，与院内外的沟通与合作的迫切性和重要性。它不仅是一项技能，更是一种必备素养。与赞助机构、其他研究机构和合作伙伴的频繁沟通，不仅涉及项目进展，还涉及资源共享、研究成果推广等多个方面。这也让我更加清楚地认识到科研本质上是一个集体的努力，需要在广泛的合作中寻求创新。虽然我喜欢独立做科研，但我发现建立良好的行业网络是至关重要的，这不仅仅是为了获得支持，也是为了与其他研究者、学术机构以及行业专业人士分享经验、交流思想。在这个过程中，在基础院和学校的鼓励和支持下，我结识了许多志同道合的同行，为我的研究道路打开了更广阔的天地，跨出自己的舒适圈，也收获了许多意料之外的成长。

入职基础院这个成电"学术高地"是一场既激动人心又充满挑战的旅程。院领导的积极评价为我的职业发展提供了坚实的支撑。这不仅是对我过去努力的认可，更是对未来科研工作的期待。在这个充满活力的温暖大家庭中，我将全力以赴，努力发挥自己的优势，与团队成员共同迎接更多的科研挑战，为学术的繁荣和创新贡献自己的一份力量。

个人简介：

毛晓伟，男，1986年6月生，博士，教授，博导，国家级青年人才。2016年获丹麦奥胡斯大学遗传学专业理学博士学位。主要研究领域为复杂性状的因果标志物解析。近年来主要从事人类疾病及相关性状的因果标志物解析，以第一作者或通讯作者（含共同）于 Cell、Science、Science Bulletin 等高水平学术期刊发表 SCI 论文，并入选中科院率先行动人才计划和北京市科技新星计划（医学方向）。研究成果包括解锁东亚人群典型疾病相关复杂性状重要基因的适应及受选择过程、系统揭示全球人群格局的形成历史和适应趋势、动物疾病模型的构建和生命大数据相关计算生物学方法的开发等。目前相关研究已受到科技部重点研发计划（课题负责人）、国家自然科学基金重大项目等项目支持。

⊙ 情不知所起　一往而深

秋意渐凉，后知后觉的我，蓦然回首才意识到已经陪伴基础与前沿研究院走到了第十个年头。依稀记得十年前我还是一名懵懂的本科生，那个时候还未曾设想会在科研的道路上坚持走下来。感谢我的导师王志明教授，在我对直博深造和参加工作犹豫不定时，坚定地把我拉向了科研这条道路。王老师做事情的格局一直很大，基础院作为电子科技大学"学术特区"的诞生以及十年来的蓬勃发展就是最好的证明。

基础院成立的 2014 年正是我本科毕业的年份，我也有幸成为基础院第一名学生，也是后来各位老师戏称的"大师兄"。犹记得建院之初，我还曾与饶渐升书记、李自恒老师、黄武林老师以及吴诗捷老师在通信楼 6 楼的一间办公室进行"艰苦创业"，协助他们进行人才项目申报，并见证了基础院的逐步成长。基础院高水平的国际化平台对我后续的学习生活都产生了重大影响，也是在这种世界前沿国际化高地上，通过王志明老师的引荐，我才有机会联系到加拿大双院院士 Federico Rosei 教授，并于 2015 年成功申请到国家留学基金委的联合培养项

童鑫　研究员

目，前往加拿大国立科学研究院进行为期两年的联合培养，并在联培期间取得了一定的科研成果，为后续职业生涯的发展奠定了深厚的学术基础。

弹指一挥间，两年联培生活结束。2017 年，我回到基础院继续学习，让我印象深刻的是基础院办公区从开始的一层楼变成了三层楼，不管是师资力量还是高水平成果都取得了重要突破，而越来越多不认识的"生面孔"也进一步反映出了基础院的快速发展。得益于院领导和团队的支持，我也有幸申请并获得了 2017 年度的"成电杰出学生（研究生），回想当时，要特别感谢申请过程中帮助我不断打磨申报材料和演练的饶渐升书记和黄武林老师，以及导师王志明教授在答辩现场的介绍人发言，最终打动了各位评委。在基础院的广阔舞台上，未曾想到的奇迹还有很多，在学校和基础院推荐下，我还进一步成功申报获得了教育部首批百名研究生党

员标兵的荣誉，作为学校唯一一名入选代表，也努力为基础院争了一次光。

2018 年，我结束了在基础院的学习生活，顺利通过了博士答辩，拿到了博士学位证书，同时还与异国异地长跑 6 年的女友一起领了结婚证，人生迈入了新的阶段。然而，跟基础院的缘分一直还未完结，博士毕业后我坚定地选择了留院任教，从博士后开始做起，期望在科学研究的道路上能够继续走下去，并为国家科技创新发展贡献自己的一份力量。感谢基础院提供的科研平台和团队负责人王志明老师的支持，很快我就组建了自己的研究小组，并高效地实现了从学生到教师的角色转变，工作逐步进入正轨。

2019 年，各种机缘之下，我还成功从普通教师转变成为研究生导师的角色，教书育人、立德树人的职责更重了一分。回首在基础院的学生时代生活经历，也更加理解了为人师的责任与担当，体会到了研究生培养的不容易。而唯一不变的，是基础院对我们的包容和大力支持。在我职业的发展期，让我印象深刻的还是基础院优秀的国际化平台，不仅加强了国际合作，也让我获批了多个国家和省部级国际合作科研项目，真正实现了多方汇聚引智，共同推动基础前沿向前发展。

2023 年，基础院终于搬迁到了新校区，入驻了崭新的科研六号楼，新的征程即将开启，而我也迎来了一个可爱的女儿，人生角色成功升级，肩上的责任更重了，奋斗的动力也更足了。庆幸的是，我还会继续书写与基础院的故事，共同谱写新的篇章。"人生十年曰幼学"，祝愿基础院能够越来越好，希望第二个十年还能继续见证它的茁壮成长，与其共同努力，奋发图强，再创辉煌！

个人简介：

童鑫，男，1992 年 10 月生，博士，研究员，博导，四川省青年人才。2018 年获电子科技大学材料科学与工程专业工学博士学位。长期从事半导体胶体量子点设计制备、物性调控及其能源光电子应用研究。作为项目负责人主持包括国家重点研发计划政府间重点专项、国家自然科学基金、四川省科技计划项目等在内的 5 项国家/省部级项目。近年来在国际知名 SCI 期刊发表 70 余篇论文，总引用次数 3200 余次，个人 h-index 指数为 31，授权 10 项国家发明专利，编撰出版 2 部英文学术专著，撰写 2 个英文专著章节。入选 2020 年福布斯中国 30 岁以下科学精英榜、2019 年电子科技大学"百人计划"，获 2020 年中国发明协会"发明创新·创业奖"金奖。现担任 SCI 期刊 *Alexandria Eng. J.* （IF：6.8）副主编、EI 期刊 *J. Electron. Sci. Technol.* 副主编、中科院一区 TOP 期刊 *Carbon Energy* （IF：20.5）和中国科技期刊高起点新刊 *Electron* 青年编委、全国材料与器件科学家智库专家委员会委员、中国材料研究学会高级会员。

◉ 十年风雨科研之路

在这个特殊的时刻，我们聚在一起，共同庆祝基础与前沿研究院建立十周年。这十年来，基础院经历了蓬勃的发展，谱写了科研的崭新篇章。我作为2019年加入基础院的一名青年教师，能够与大家共同参与这段令人振奋的历程深感荣幸。

回想起2019年那个初秋，当时的我怀揣着对科研的热情和对未知领域的向往，踏入了基础与前沿研究院。基础院当时如同一座未经发掘的宝藏，充满了探索的机遇和挑战。憧憬着未来，我们共同奋斗，为基础院建设贡献我们的青春和智慧。

这十年，基础院在科研领域的探索不断深化，拥抱科研变革的浪潮。我们将目光投向了基础科学与交叉科学等前沿领域，不断突破科技的极限。每一位同仁都在为学科的发展和创新贡献自己的力量，为基础院的科研事业注入源源不断的活力。

任翔博　特聘副研究员

科研之路是一条需要团队协作的道路。我们共同经历了项目合作、学术交流、团队建设的过程，每一次协作都是我们凝聚力量、攀登高峰的见证。基础院的发展离不开每一位同仁的努力和付出，正是团结奋斗的团队精神，推动着基础院不断向前。

基础院的成长，离不开一批又一批优秀的师资力量的加入。基础院不仅在科研方面积极投入，更在学科建设上付出了大量心血。培养了一批又一批杰出的研究生和博士后，为基础院的未来发展打下了坚实的基石。

十周年，是一个既回首过去，又展望未来的时刻。在未来的岁月里，我们将继续秉持着对科学的热爱和对知识的渴望，努力创新，拓展更广阔的科研领域。在国际学术舞台上，我们要更加自信地展示基础院的风采，为基础院在国际上赢得更多的荣誉。

在此，我要向每一位为基础院奋斗过的同仁表达深深的敬意，是你们的努力和智慧，你们的辛勤和付出，让基础院在这十年间茁壮成长，为我个人事业发展提供了良好的平台和机会。

基础院成立十年来，我们共同见证了它从一颗种子逐渐成长为枝繁叶茂的大树的历程。

感激这十年的风雨征程，期待未来更加光辉的岁月。

让我们共同携手，共谱基础与前沿研究院更加辉煌的未来。

未来，我们将继续在科研的征途上探索，为基础院的发展挥洒汗水贡献更多的智慧！

个人简介：

任翱博，男，1991年7月生，博士，特聘副研究员，硕导。2019年获四川大学材料物理与化学专业工学博士学位。主要从事新型光电材料与器件研究及开发工作，包括高性能光电器件制备及载流子输运动力学、多维度多模态智能光电探测器、光电异质集成与高性能光源等，在 *Nat. Photonics*、*Nat. Electronics*、*Mater. Horiz.*、*Joule*、*Adv. Opt. Mater.*、*ACS Nano* 等期刊上发表论文30余篇，申请发明专利10余项。入选中国科学技术协会第八届中国科协青年人才托举工程。

⊙ 我与基础院情意相牵的六年

回首 2017 年 6 月，那是我从吉林大学原子与分子物理研究所毕业的时刻，离开了东北的家乡，开始了我在西南中心城市——成都的新生活。那也是我博士后研究的开篇，一个充满期待与挑战的阶段。2018 年 12 月，我又踏上了梦幻般的加拿大之旅，继续追逐我的学术梦想。这段时光是充实而宝贵的，每一个孤冷的实验室角落都成了我的思考之地，每一篇研究论文都是我的成长印记。但在这个漫长的旅途中，我的心却一直深切怀念着国内的那片土地。于是，2023 年 1 月，我怀着对祖国的思念，对基础研究的热爱，对未知科学的探索，以特聘副研究员的身份，加入电子科技大学基础与前沿研究院，成为这个温馨大家庭中的一员。

高阳　特聘副研究员

这一切得以实现，都源于基础院给予我的契机，让我在学术的海洋中找到了自己的位置。在这里，我感受到了智慧的光芒、专注的力量、自由的氛围以及取得成就的可能性。"智慧、专注、自由、成就"这个院训已经深深地烙印在我的心中，激励着我在人生的征途不断前行。

谨以此言，深深感激基础院，感激这个让我找到归属感的家。愿我们共同奏响更多成就的华章，为基础研究的未来添砖加瓦。衷心期待未来的日子，与基础院一同书写新的篇章！

初闻基础院之音

2017 年，我博士毕业，当时的我仿佛置身于一片迷雾之中，科研前景模糊不清，周围各种不同的声音让我难以安心。然而，我心中始终怀揣一个坚定的信念——找到一条能够让我心无旁骛、全身心投入科研的道路。正是在这个迷茫的时刻，我了解到电子科大的基础与前沿研究院，一个支持优秀青年学者潜心科研的地方，一个具有国际学术影响力的基础研究基地。

于是，我联系到基础院的王志明院长。当我的犹豫和迷茫时，王院长给予了坚定的保证："加入基础院，专心科研，其他事情交给我来负责。"随后，王院长根据我的研究方向，为我精心挑选了四五位国内外优秀导师。在与他们一一交流后，我最终选择了与我的研究方向最契合的张妍宁教授，从而开启了在电子科技大学的第一站博士后之路。

与张妍宁老师合作期间，我们围绕金属硫化物超原子团簇展开了对金属块体材料磁学性质的深入研究。当这个全新而独特的课题根植在一个活跃、自由的学术氛围中时，基础院为我提供了充分发挥创意的空间。因此，2019 年，我幸运地获得了"中国博士后科学基金第 65 批面上资助"和"国家自然科学基金青年科学基金项目"两项科研基金项目。

回首往事，我由衷感谢基础与前沿研究院，特别是王院长的悉心指导。我深信，当初排除万难、化解浮躁的动力，源自于基础院的温暖关怀和王院长的坚定支持。在这里，我不仅找到了科研的舞台，更感受到了一份深沉的归属感。愿基础院继续培育更多的科研人才，书写更加辉煌的未来。

衷心感谢基础与前沿研究院，让我在这片沃土上茁壮成长。

探索基础院之初

在基础院的怀抱里，我深刻地领略到国际化学术氛围的独特魅力。基础院鼓励着年轻学者们走出国门，走向学术的前沿。2018 年 12 月，我远赴加拿大曼尼托巴大学，加入了 Georg Schreckenbach 教授的研究团队，开启了有关"锕系分子科学"的深入研究之旅。

在 Georg Schreckenbach 教授的团队中，我牵头完成了一项关于抗癌靶向药物的研究，旨在筛选出有价值的螯合剂结构，为后续与加拿大粒子和核物理国家实验室（TRIUMF）的合作奠定基础。锕系同位素核素因其较强的 α 放射性，对癌细胞 DNA 的破坏不可忽视。然而，将其开发为可行的疗法需要找到合适的靶向配体，以避免在递送过程中对健康组织造成伤害。

这实际上是"超原子物理学"理论在锕系分子科学中的全新应用。放射性核素和螯合剂的配位方式多种多样，但通过理论模拟分析和筛选，我成功将配位方式缩减到最有价值的十种结构，极大地缩减了实验阶段的工作量。Georg Schreckenbach 教授团队对我的研究成果赞不绝口。

2019 年 6 月，我携带我们的最新成果在加拿大化学年会上做了口头报告，得到了众多专家学者的支持。这一刻，我深感基础院为我提供的学术平台的重要性，让我不仅在国内深入探索金属硫化物磁性研究，同时也主导推动着锕系放射性核素抗

癌药物的发展。在同一年，我荣幸获得了基础院先进工作者的称号。

更让我感到幸福的是，2019 年我找到了自己的另一半，并且迎来了婚姻的美好时刻。这一切，都源自基础院对我的支持和培养。在我人生的重要时刻，基础院一直是我坚实的后盾，感激之情溢于言表。

奋斗基础院之路

2020 年 8 月，我在 Georg Schreckenbach 教授团队完成了访学之旅。在王老师的悉心指导和引荐下，我有幸结识了加拿大国立科学研究院能源、材料与通信研究所正教授（终身）、加拿大皇家科学院青年院士孙书会教授。在他的启发和指导下，我们共同申请了"2019 年第二批创新型人才国际合作培养项目"，并且幸运地获得了资助，开启了为期两年的国家自然科学基金委资助的博士后研究。

孙老师的研究方向涵盖纳米材料在电化学能源转换和存储方面的应用，包括氢能燃料电池、金属—空气电池、锂金属电池、水解制氢和二氧化碳还原等。在他的团队中，我不仅深化了理论基础，还学到了大量实验知识。通过理论模拟与实验结果的结合，我对科研工作有了更为全面深刻的认识，为我回国后开展自己的研究打下了坚实基础。

2021 年 9 月，属于我小家庭的美妙时刻到来了——我的女儿出生了。这个瞬间让我深刻感受到作为父亲的责任和义务。这份家庭的温暖与科研的激情在我心中交织，让我更加坚定地追逐梦想。感谢基础院，是你们给予我支持和信任，让我在学术与家庭间取得了这么珍贵的平衡。

达成基础院之梦

2022 年 9 月，我踏上了返程的飞机，为期四年的加拿大学习之旅画上了完美的句号。这一切的成就，都源自于基础院对我的坚定支持。在这个学术之旅中，我不仅找到了自己的方向，更收获了深厚的学术底蕴，摆脱了博士毕业时的迷茫，转而迈向更坚定的基础科研之路，扎实地做一些具有深远影响的事情。

2022 年 10 月，我再次找到了王志明院长和张妍宁教授，与两位老师分享了我的想法和未来的愿景。在他们的认可和支持下，我深刻体会到自己是属于基础院的，是基础院培养了我，因此我必须将这五年的经验和教训带回来，回馈母校。

2022 年 11 月，我开始着手准备申请加入基础院，2023 年 1 月正式成为基础院的一员。得益于在国际合作中积累的经验，我成功地找到了自己的研究定位。与国家卫健委核医学转化重点实验室、中核集团等国内推动放射性药物开发的单位建立了联系，实现了学以致用的美好愿景。

目前，我的研究方向围绕"物理思维"展开，长期从事于"计算化学/生物"

基础研究。精通第一性原理密度泛函计算相关的基础理论，我运用并发展了第一性原理计算方法，专注于探索团簇结构演化规律与电子结构、反应性与能源催化以及镧/锕系分子科学等复杂分子间相互作用问题。

这一切的成就离不开基础院为我提供的宝贵机会和扎实培养。感激之情油然而生，我将在基础院继续为科研事业不懈努力，回馈母校的培养之恩。在基础院的怀抱中，我将持续发光发热，努力成为更为优秀的研究者，为基础研究的繁荣贡献一份微薄之力。

个人简介：

高阳，男，1987年9月生，博士，特聘副研究员，硕导。2017年获吉林大学原子与分子物理专业理学博士学位。长期基于"物理思维"从事于"计算化学/生物"基础研究，致力于探究医工交叉中镧/锕系科学等复杂分子间相互作用问题。目前以第一/通讯作者和合作者身份在国际期刊共发表SCI论文60余篇。

⊙ 我在基础院的研究生活
（My research life at IFFS）

数千年的历史文化、丰富多元的人文景观、古老悠久的寺庙、绚丽多彩的街市和叹为观止的自然风光，让中国无疑成为一个充满魅力和活力的国家。多年来，在中国人民的不懈努力下，中国已在经济和技术领域取得令人瞩目的成就。毋庸置疑，许多国家已将目光投向东方，将中国视为实现经济发展和社会现代化的榜样。我们的基础院——基础与前沿研究院自成立以来一直紧随国家发展步伐，坚定不移地朝着正确的方向稳步前行。

Victor Alejandro Montenegro
Tobar 特聘副研究员

China is undoubtedly an attractive and vibrant country with a millennium-old culture, diversity, ancient temples, colorful streets, and breathtaking landscapes showcasing nature's splendor. Economically and technologically, China has significantly increased its value over the years. To achieve such a remarkable feat of productivity, one of the key elements is relying on people with their strengths and skills. It comes as no surprise that many countries worldwide have started looking at China as a role model for achieving the dream development and establishing a truly modern society. Our Institute, the Institute of Fundamental and Frontier Sciences, has been moving in the right direction since its birth, following the same impressive path the country has paved.

我在中国的经历可谓一帆风顺。成都的生活和国内各大城市的游历经验极大丰富了我的阅历。在研究方面，我一直致力于量子信息领域研究工作。量子是未来的支柱之一，中国正大力支持量子研究领域。我也希望自己的研究工作能够为同事、来访学者及该领域的其他研究人员做出贡献。非常感谢基础院为我提供拓展能力的平台，让我在这里的事业获得飞速发展。

My experience in China has been remarkably smooth. Living in Chengdu and exploring various Chinese cities has been incredibly enriching. In terms of research, I've devoted myself to delivering high - quality work for our quantum group and the Institute as a whole. Quantum is one of the future's pillars, and China strongly invests in such research fields. I've also aspired to cultivate an excellent atmosphere for my colleagues, visitors, and the community at large. My career has progressed exceedingly well, and I owe immense gratitude to the Institute for providing me with the platform to expand my capabilities.

过去十年，我们致力于推动基础院成为知名的研究中心。五年前加入基础院时的情景仍然历历在目。自 2018 年以来，我有幸见证了基础院不断增长的科研实力，包括完善的基础设施、更加先进的实验室、越来越多教师、学生和博士后研究人员加入，甚至更多前来欣赏金秋银杏的游客。十年来，基础院通过举办大型会议、发表高影响力文章、促进国际合作以及其他多项成就，在基础研究领域声名鹊起。

Ten years have passed—a decade devoted to driving our Institute toward becoming a renowned research hub. I vividly recall my entry into this institution five years ago. Since 2018, I have witnessed the Institute's growing capabilities, spanning a generous infrastructure, state - of - the - art laboratories, faculty and staff, students, postdoctoral researchers, and even the multitude of visitors drawn by Ginkgo trees adorned in golden yellow leaves. Over this decade, the Institute has carved out its reputation in research achievements—hosting organized conferences, publishing high - impact research articles, fostering local and foreign collaborations, and many other accomplishments.

在此，我有幸向基础院的同事们表示感谢。我坚信，基础院会不断发展壮大，吸引有激情、有创造力和专业的科研人员加入，并取得突破性发展。祝愿基础与前沿研究院前程似锦！

With these words, I want to express my gratitude to the extraordinary individuals I've had the pleasure of meeting at IFFS. I am firmly convinced that the Institute will not merely grow and attract enthusiastic, creative, and highly skilled scientists and staff but also surpass its own expectations. IFFS: Live long and prosper!

个人简介:

Victor Alejandro Montenegro Tobar,男,1985 年 5 月生,博士,特聘副研究员,硕导。2015 年获伦敦大学学院物理学专业哲学博士学位,师从 Sougato Bose 教授。研究领域为量子传感、量子精密测量,同时涉及多体腔量子电动力学、腔量子光力学和混合自旋光学力学量子系统的探索。在 *Physical Review Letters*、*Quantum*、*Physical Review Research*、*Physical Review A* 等期刊发表学术论文 20 余篇,其中 13 篇为第一作者,2 篇为特刊。

⊙ 在基础院八楼看夕阳

我喜欢在基础院的八楼看夕阳，那是我印象里沙河校区最美的地方。金色的阳光映红了食堂门前的广场和毗邻的球场，让人满心欢喜。更不要说远方风吹叶浪，特别是秋天层林尽染的景象。

这是一天内校园里最喧嚣热闹的时候，也是一天中我的内心最宁静的时候。高层清爽的风足以吹散一天的疲惫，开阔的视野又给了我足够的空间展开对远方的想象。我喜欢看着往来的人群，去思索未来的自己又会走向何方；抑或是单纯地发呆，任凭思绪随机游走在这行代码怎么跑不通和周末出去吃什么之间。当回过神时，总会在不知不觉中找到了一些答案，然后满意地迈向教室或者图书馆的方向。

邱智浩　2021届硕士毕业生

我在基础院的三年，一如那些天吹过的晚风，看过的风景——也许算不上波澜壮阔跌宕起伏，也许也并不少见，却是一份静谧美好的稳稳的幸福。庆幸得一恩师吕琳媛教授，不仅在我陷入迷茫时总能帮我指明道路，更是言传身教告诉我应该如何做科研；庆幸得一人生导师郭菁老师，亦师亦友，不仅为我们的科研保驾护航，还在生活中帮我们答疑解惑。庆幸得一群志同道合的小伙伴，从不计较个人利益得失，大家朝着同一个方向互相搀扶前进。科研从来都不是一件简单的事情，然而吕老师和郭老师的存在总能让我们安心，只要朝着当前方向努力就没有问题。平日那些不理想的实验结果所带来的压抑和压力，也都在小伙伴们相伴的火锅串串的炙热里消散。向上攀登从来都不是轻松的，却也没有想象中的那么痛苦，只要每天努力一点，不知不觉中，已然看到了胜利的曙光。

如今想来，基础院的气质，也大抵如此：一边低调踏实地耕耘，一边惊艳地绽放。成立于2014年的基础院，作为学校的"学术特区"，规模并不大，且只有研究生和博士后。因此，基础院在电子科大的学生中曝光率不算太高，算得上最低调的

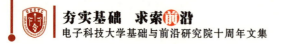
学院之一，低调到我的很多朋友第一次听说院名都是因为我。然而，每每谈到科研成果产出，基础院又相当"强悍"，以至于每每我向其他人介绍自己在基础院读研时，对方无外乎两种反应："电子科技大学还有这个学院?"或者"哇! 你们科研好强好厉害!"逼得我们自己调侃自己"薛定谔的基础院"。

时间过得很快，转眼毕业两年有余。我还是喜欢在日落时分向远方眺望，远方的夕阳很美很美，当初心里的那份宁静却很难再复制了。原来，这份宁静的背后，是基础院的老师和小伙伴们所带来的安全感。有人说，青春会在走出象牙塔的那一刻悄然完结，感谢基础院为我的青春画上了一个完满的句号，让我无论无论身处何时何地，还可以保留着学生时代的纯粹和足够的底气，尽情地去尝试不同的方向和畅想未来的希望。

朋友圈里，学校的银杏又黄了，相信重逢时，银杏大道还是记忆中的那般美好。

个人简介：

邱智浩，男，1996 年 6 月生。2021 年获电子科技大学物理学专业理学硕士学位（导师：吕琳媛教授），在校期间曾获唐立新奖学金、理学学科奖学金、研究生新生一等奖学金等荣誉，以第一作者在 *New Journal of Physics* 发表论文一篇。现于代尔夫特理工大学攻读博士学位。

⊙ 壮哉吾院　魂之所依
——基础院赋

瑰彩学府，钟灵盛事，学术典茂，翘楚杏坛。赞誉韵于四海，文光射于天权。灿灿然光耀史卷，煌煌乎历经十年。

十年之旅，其生也幸矣。机遇所际，得乘创新发展之风云；源流所涌，得续科学研究之新篇；根绪所溯，得植天府锦绣之沃土。秉成电之微风，不慕急功虚名，长志华夏复兴，且行且勉，跬步而行。

十年之旅，其历也艰矣。栉风沐雨，蹈历崎岖；艰难困苦，一时难叙。红烛无悔，春蚕有意，焚膏继晷，铢寸累积。伐晦雾而向新光，自强不息，承天资以应时变，风云际遇。

王一争　2022 级硕士研究生

十年之旅，其兴也达矣。探索无涯，科研无垠；悠悠学府，十年砺金。光华照耀，品牌卓立；集智聚力，卓见成林。桃李硕硕烂漫四海，梁栋济济擎托古今。

壮哉吾院，魂之所依。曰智慧，曰专注，曰自由，曰成就。智慧则穷尽科学之义，专注则汇聚思维之绪，自由则畅行天地之域，成就则开创事业之基。孜孜如是，赫曦恒煜！

个人简介：

王一争，男，1999 年 6 月生。电子科技大学基础与前沿研究院计算机科学与技术专业 2022 级硕士研究生（导师：邹权教授），2023 年获校级三等奖学金。

⊙ 那一片片银杏叶

自 2014 年基础院成立以来，大批青年才俊汇聚于此大展宏图。时光如梭，基础院也即将书写十年芳华，回眸这过往的十年时光，送走了一届又一届学子。虽然对于我们来说十年只是银河中的一瞬间，但是这足以见证基础院的发展。我们不畏艰辛，直面困难永不退缩，共同创造了基础院的今天。

回眸这十年，基础院已经具备夯实的科研基础，紧密围绕多种学科的基础理论和前沿交叉领域开展研究。建成了一支由高层次人才组成的具有国际影响力的国际化研究队伍，建立了多个研究团队和平台，并承担多项重点项目，在国际著名期刊上发表多篇文章，成为引领学校基础研究的高端学术成果和原始创新能力的发源地。

余文杰　2022 级硕士研究生

基础院秉承"智慧、专注、自由、成就"的院训。院训是基础院学子从事科研和做人的准则，作为基础院的一分子，我非常自豪。"智慧"不单单是指人的智商，更多的代表着我们在为人处世上的表现，面对困难，不畏惧不退缩，积极找寻解决办法；"专注"指做事要全神贯注，不可一心二用，讲究的是知行合一，从事科研工作亦是如此，全身心投入进去，方能收获硕果；"自由"也不单单指的人要随心去做正确的开心的事情，也告诉我们不要被世俗所束缚，要勇于打破常规，去发现创造新的事物，在科研当中不断地探索和挖掘，开辟属于自己的道路；"成就"指做事要有目标，要有收获。对于我们而言，有很多东西都可以是成就，科研道路上的宝贵经验，人生的挫折等，都是我们个人的成就，而不单单局限于某个范围。学会这些准则，勇于去寻找、去创造，去发光发亮。

来基础院已经快两年了，校园的银杏树一次又一次在秋风中变成一片绚烂无比的金黄，阳光照射下格外的美丽，走在铺满银杏叶的道路上，非常惬意，如同基础院学子在各个领域绽放光彩。那一片片银杏叶历经岁月，仿佛在向我们挥手，一次又一次美丽地来到世间，又悄悄地离开。回眸这两年，我不断地忙碌在学生工作和科研中，参加各种活动，充实着我的工作、学习和生活。同时在自己的科研道路上，不断地去努力，不断去提升自我，不辜负研究院对我的谆谆教导。不负青春，不负韶华，不忘初心，争做新时代青年，为基础院争光添彩。

在今后的征程上再谱新章，永创辉煌。

基础院十周年快乐！！！

个人简介：

余文杰，男，2000 年 11 月生。电子科技大学基础与前沿研究院材料科学与工程专业 2022 级硕士研究生（导师：李严波教授）。2022 年获校新生二等奖学金，2022 年获基础院中电仪器新生奖学金，2023 年获校优秀研究生一等奖学金，2023 年获校优秀研究生干部荣誉，2023 年获校优秀研究生荣誉。

⊙ 探寻人生之路

智慧是你们的灯塔
照亮黑暗的旅途
指引前进的方向
寻找灿烂的星河

专注是你们的引擎
赋予起航的动力
劈开沿途的荆棘
探索未知的世界

刘家平　2021 级硕士研究生

自由是你们的羽翼
冲破思想的牢笼
遨游灵感的殿堂
塑造精彩的故事

成就是你们的礼物
见证辛勤的耕耘
定格难忘的瞬间
编织最初的梦想

个人简介：

　　刘家平，男，1996 年 12 月生。电子科技大学基础与前沿研究院电子科学与技术专业 2021 级硕士研究生（导师：王志明教授）。2023 年获校级一等奖学金、2023 年获校优秀研究生称号、2023 年获校优秀研究生干部称号。

⊙ 专注铸就辉煌 梦想扬帆启航

时光荏苒，我们迎来了基础与前沿研究院的建院十周年的日子。十年是大家共同成长、共同奋斗的岁月，作为一名研究生二年级的学生，我内心涌上了许多感悟和思考。基础与前沿研究院的院训"智慧、专注、自由、成就"在我心中留下了深刻的烙印。在这个学术的殿堂里，我们不仅追求智慧，更注重专注。专注于研究，专注于探索未知，这是我们前行的动力。同时，自由的学术氛围让我们有了更多的发挥空间，也培养了创新的思维方式。成就则是我们前进道路上的目标，我们努力将智慧付诸实践，最终取得了一个又一个的成就，不断前行。

章怡　2022 级硕士研究生

回首校园岁月，那些为了科研梦想而夜以继日努力的时刻，那些与导师、同学们共同攻克科研难题的时刻，都让我终生难忘。这里是智慧与知识的交融之地，是梦想与追求的殿堂，也是友情与合作的摇篮。

学弟学妹们，基础与前沿研究院是一个独特的地方，充满了无限的可能性。在这里，你们将接触到前沿的科研领域，拥有丰富的学术资源，更有机会与优秀的导师和同学们一起成长。请珍惜这段宝贵的时光，保持对知识的渴望，勇敢面对挑战，坚持追求梦想，相信自己，你们一定能够取得卓越的成就。

愿基础与前沿研究院在未来的岁月里继续书写辉煌，为科学事业献上更多精彩的篇章！让我们共同期待研究院更美好的明天。

时光荏苒十载过，基础前沿展翅飞。智慧之门敞开启，共同成长志壮怀。

自由思维激情涌，创新成就路途明。知识渴望莫忘怀，勇敢面对风雨里。

回首校园岁月长，夜以继日求梦想。导师同窗攻难关，友情合作摇篮光。

基础前沿无限潜，优秀伙伴共同行。明日辉煌书新篇，科学事业再飞扬。

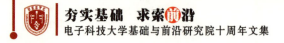

个人简介：

　　章怡，女，2000 年 9 月生。电子科技大学基础与前沿研究院计算机科学与技术专业 2022 级硕士研究生（导师：吕琳嫒教授）。2022～2023 学年优秀研究生干部，2023 年获电子科技大学大运会优秀志愿者，2023 年获校级二等奖学金。

>>>>>>>

3

第三章　前沿师说

基础与前沿研究院
Institute of Fundamental and Frontier Sciences

<<<<<<<

⊙ 对话中科院院士
国内量子研究开拓者郭光灿

郭光灿　院士

　　2020 年 11 月 9 日，《四川日报》以《对话中科院院士、国内量子研究开拓者郭光灿——搞量子科技不能盲目 四川可从软件介入》为题，对我院名誉院长郭光灿院士进行采访报道。

　　中共中央政治局一次集体学习，让量子科技成为关注焦点。

　　提起"量子"这个词，你可能并不陌生。但到底什么才是量子科技？它距离产业化应用还有多远？将带来怎样的产业变革？如今又面临哪些瓶颈……带着问题，四川日报全媒体记者近日专访了国内量子研究的开拓者和领军科学家之一，中国科学院院士、中国科学技术大学教授郭光灿。

　　郭光灿认为，只要找准自身优势，加大支持力度，四川完全有可能在量子科技研究方面实现快速发展。至于产业化方面如何弯道超车，他也给四川"量身定制"了相关建议。

Ⓐ | 谈 概 念

量子世界是不确定的世界

●量子有很多"奇奇怪怪"的性质，量子科技就是在量子力学理论的指导下，把这些特性开发出来为人类服务

记者：该怎么理解量子、量子力学、量子科技这几个概念？

郭光灿：传统认知中的物质，要么有粒子性，像飞机导弹，要么有波动性，像电磁波和声波，它们共同构成一个遵从经典物理规律的经典世界。这当然是一个"确定的世界"，像导弹运动轨迹，我们完全可以计算出来。

但在微观世界，有些物体会同时具有波动性和粒子性，它们遵循的物理规律和经典世界的完全不同。那它们究竟遵循什么物理规律？量子力学，就是研究这个问题的一门科学。而量子，就是运动规律遵从量子力学的那些物体，包括光子、电子、原子、夸克等等。

至于量子科技，个人理解是从量子力学中开拓出来的技术，它们都遵从量子力学的理论。而作为人类最成功的理论之一，量子力学的"预言"都在实验中得到证明，所以量子科技在原理上是没有问题的。尽管技术上有难度，只要我们坚持去做，就一定能实现突破。

记者：您提到经典世界是"确定的世界"，那量子世界呢？

郭光灿：量子世界是一个不确定的、概率性的世界。这就要说到量子特性，比如不确定性、量子纠缠、量子不可克隆等等。

举个例子，假设成都到北京有坐飞机和坐火车这两个选择。你要到北京来，不管怎样只会选其中一种，毕竟坐了飞机就不可能坐火车。但在量子世界里，成都到北京有两条路，走哪条路？两条路同时走。这就是量子的不确定性。

记者：两条路同时走？想象不出来会是什么样。

郭光灿：正常。量子有很多"奇奇怪怪"的性质，和我们经典世界完全不一样。科学家们在做的，就是要尝试把这些"奇怪"的特性开发出来，为人类服务。

Ⓑ | 谈 应 用

市场上的量子产品是伪科学

●计算机、传感、密码、网络，未来都有可能开发出相关应用，最有可能率先投入应用的是量子密码。而标志人类量子时代到来的，则是通用量子计算机的诞生和广泛应用，这需要多久还不能确定

记者：利用这些特性，量子科技可能会带来哪些产业化应用？

郭光灿：从目前来看，量子计算机、量子传感、量子密码、量子网络等，未来

都有可能开发出相关应用。

像量子传感，就利用了量子信息容易受外界环境破坏的特性。比如只要电磁场稍有变化，量子态就会发生改变。测量这种改变，就能反推电磁场变化。用这种方法，能大幅提高传感器的灵敏度、精度和响应速度。

至于量子密码，可以让信息传递变得更安全。像如今保密通信都是传统通信加密码，这样做容易被窃听。而用量子密码来加密，就很难被破解和窃听——只要有人试图窃听，就会破坏量子信息，从而让通信双方马上发现并做出应对。

顺便说一句，有人误认为这就是量子通信，其实它是"量子密码+传统通信"。真正的量子通信，不是要替代5G、6G，而是利用量子纠缠把不同计算机联成网络，从而形成超强的计算能力。这在未来分布式计算领域会有用武之地。

当然还有量子计算机。可以说人类量子时代到来的标志，就是通用量子计算机的诞生和广泛应用。

记者： 为什么量子计算机这么重要？

郭光灿： 因为它带来的影响可能最大。回想一下，当人类有了电子计算机，整个社会经历了怎样翻天覆地的变化。同样作为重大颠覆性技术创新，量子计算机也会推动社会生产力大踏步前进，引领新一轮科技革命和产业变革方向。

一个事实是：从各方面看，量子计算机都会比电子计算机强很多。电子计算机处理数据的方法，是同一时间只处理一个数，依次计算，这叫作串行运算；而量子计算机，可以利用量子不确定性，同一时间处理很多个数，这叫作并行运算。这当然会比电子计算机快很多。

具体快多少？2 的 N 次方倍。N 是指量子处理器中量子比特的数目。有 10 个量子比特，就是快 2 的 10 次方倍，呈指数级上升。像去年谷歌在 *Nature* 上发文称，其研发的量子处理器只需要 200 秒，就能完成传统超级计算机需要 1 万年才能完成的计算量。

记者： 这些应用的相关技术成熟了吗？哪些最有可能率先实现产业化？

郭光灿： 总体而言，量子相关技术还处在基础研究阶段。通用量子计算机目前还没有问世，量子密码、量子传感、量子通信技术也都还不够成熟。

相对成熟的、最有可能率先投入应用的是量子密码。它目前处于试用阶段。出于成本等原因，技术成熟后预计首先会用于国防领域，再慢慢向更大范围拓展，形成产业。至于通用量子计算机什么时候诞生、人类什么时候进入量子时代，这个时间现在还不能确定。

这里要特别提醒的是，网上一些所谓的量子科技产品——量子按摩仪、量子水等等，都是假的。现在还没有一个量子科技产品，是能让广大群众去购买的。

C | 谈 痛 点

相干时间操控能力是瓶颈

●要尽量延长保持量子特性的时间、要能精准操控量子态，这些都很难在短时间内解决。目前还没到应用研究阶段，更多研究工作可能还是要高校院所来承担

记者：谷歌团队此前发布的，还不算是通用量子计算机？

郭光灿：不算。这里面牵涉一个概念——相干时间。

量子计算机等各种应用，都是借助了量子特性。但量子特性非常脆弱，很快就消失了。所以我们就要尽量延长保持量子特性的时间，也就是相干时间。像量子计算机，科学家花了13年把量子相干时间提高了5万倍，达到100个微秒，这是很大的进步。在量子世界里，100微秒已经算很长了。谷歌团队提到的计算，就是在这点时间内完成的。但利用100个微秒就能处理完的问题，毕竟还是有限。

通用量子计算机，就是让相干时间能保持足够长，让需要计算的问题都有足够时间来完成。这涉及容错纠错技术，而这项技术人类现在还做不到。量子时代要到来，如何让相干时间保持足够长是一大瓶颈。

记者：除了相干时间，还有什么瓶颈？

郭光灿：另一个瓶颈是对量子世界的操控能力。人类在经典世界已经有很强的操控能力，通过控制速度等物理量，我们能把火箭送上太空。但在量子世界，操控的就不是物理量，而是量子态——让量子处于我们需要的状态。

2012年两位科学家获诺贝尔物理学奖，就因为他们使人类第一次真正操控了1个量子比特。现在这个数字已经变成几十个了，像谷歌团队发布的量子处理器就操控了54个量子比特。但真正要达到通用量子计算机水平，需要操控百万量级的量子比特。而且不仅要能操控，还要精准，不能有大的误差。

两大瓶颈，不管哪个都很难在短时间内解决。这是需要人类共同解决的难题，我们会一步步去逼近最终的答案。

记者：由谁来解决问题？目前到了企业大规模进场的时候吗？

郭光灿：目前还没有到应用研究阶段，更多研究工作可能还是要高校院所来承担，或者是高校院所和企业一起合作。东部和中部也有一些企业在探索，比如本源量子公司不久前上线了国内首个超导量子计算云平台，向全球用户免费提供量子计算服务。

D | 谈 发 展

四川可提前布局应用领域

●不是说靠砸钱、靠人海战术就能搞好量子科技，各地要充分考虑自身条件。

四川完全有可能在量子科技研究方面实现快速发展，同时可提前介入软件、操控系统等应用领域布局

记者：中国量子科技研究目前处在一个什么水平？四川呢？

郭光灿：目前我国在量子领域的整体研究水平比较先进，和美国、欧盟、日本等差距不大。在量子纠缠，尤其是在保真度、纠缠粒子数、纠缠度等方面处于国际领先水平；量子密码相关研究整体上和欧美保持同一水平；量子计算机领域可能落后5年左右。总的来说中国处在国际第一梯队，综合水平是一流的。

具体到四川，在量子科技研究领域相对弱一些，因为从事相关研究的科学家不算多。但我知道成电有年轻科学家团队在开展相关研究，西南交大也有科学家在做。如果给予更大支持，我认为四川完全有可能在量子科技研究方面实现快速发展。

记者：如果要在研发和应用上实现追赶甚至弯道超车，四川可以从哪儿切入？

郭光灿：推动量子科技发展，中央会有一系列决策部署。至于地方该做什么不该做什么，很难给出一个标准答案。我个人不主张各地盲目"一窝蜂"发展量子科技，这只会导致重复和浪费。不是说靠砸钱、靠人海战术就能搞好量子科技，没有基础肯定是不行的。

我认为各地要充分考虑自身特点和条件，实事求是找出可行方向，然后组织最精锐的队伍去攻坚。

具体到四川。我经常到四川来，上次（2020年9月两院院士四川行）来我就提到，四川电子信息产业和技术都有很好基础，完全可以提前介入到量子科技相关应用领域布局中来。

像量子计算机领域，将来一定会有三大块市场：一是机器，二是软件，三是操控系统。做机器这方面难度比较大，其他地方已经做了比较长时间，有了技术积淀，要迅速赶上是很难的。但软件和操控系统，都是产业链中极其重要的环节，四川也有软件基础，这就完全可以做，并且还很有希望能做成。

个人简介：

郭光灿，男，汉族，中共党员，1942年12月生，福建泉州人，大学本科学历，中国科学技术大学教授，中国科学院量子信息重点实验室主任，中国科学院院士，现任中国物理学会常务理事、中国光学学会理事长。

自1965年中国科学技术大学毕业后，长期从事量子光学、量子通信和量子计算的理论和实验研究。担任国际刊物 *International J. of Quantum Information* 的 Managing Editor；国家基金委创新群体学术带头人；科技部中长期规划"量子调控"重大项目《量子通信与量子计算的物理实现》、中科院B类先导专项项目《基于固态

系统的量子物理和量子信息》和基金委重大仪器专项《多功能固态量子存储器》的首席科学家。2001 年获中科院自然科学二等奖，2003 年获国家自然科学二等奖，2003 年获"何梁何利"科技进步奖，2003 年当选为中国科学院院士，2006 年获安徽省自然科学一等奖，2007 年获安徽省重大科技进步奖，2009 年当选为第三世界科学院院士，2013 年当选"CCTV 科技创新人物"。在包括 *Nature* 子刊（13 篇）、*Phys. Rev. Lett*（31 篇）在内的国际学术期刊上发表论文 700 多篇，他引超过 10 000 次。培养博士 80 余人，其中 5 人荣获全国百篇优秀博士论文奖。

⊙ 与有识之人共事
"融" 不可能为可能

2020 年 7 月，基础与前沿研究院新闻网刊登了题为《王志明：与有识之人共事，"融"不可能为可能》的文章，对王志明教授进行报道，全文如下。

2020 年 6 月 3 日，*Nature* 刊发了我校基础与前沿研究院邓旭教授团队的最新研究成果 "*Design of robust superhydrophobic surfaces*"，并被选为当期封面。为解决世界难题，坚固耐用超疏水材料应用成为现实，也意味着我校兼顾基础理论和应用研究的重大突破。作为基础院院长，我为这样的成果感到十分高兴，同时百感交集。

2011 年，我回国加入电子科技大学，电子科技大学便是我的第二故乡。我期望筹建一个国际化开放式学术特区，与学校领导制定的向综合性大学转型的方针不谋而合。在学校的支持下，2014 年 6 月，基础与前沿研究院应运而生。作为首任院长，我的目标就是，助力电子科技大学这一传统工科院校，向"理工深度融合"发展。

王志明　教授

求索路，与有识之人同行

一项基础科学领域的研究成果，从理论到实践，凝聚数代人心血，可谓漫漫求索路。1992 年秋，我去北京大学读硕士，师从秦国刚院士，研究金属半导体界面态调控。入学半年后，北大推倒南墙建立商业街，面向经济发展。在那个全民经商的年代，我也曾腰别 BP 机，穿梭于中关村。

商业经济下，秦老师一如既往地严格要求自己，小跑在办公室与实验室之间，不断思考，力求突破。秦老师师从物理学家黄昆先生，受其博大精深的学问、朴素的人格魅力影响，始终牢记黄先生的箴言"如果想发财，就不要搞物理"。或许是他身上沉静、执着的力量，日积月累地感染了我，毕业时，我选择成为他那样的人。以师为鉴，我学会做科研的时候辩证地看问题。

接着我去了中国科学院半导体所，跟着郑厚植院士读博，做的课题方向是低维半导体异质结输运性质。郑老师密密麻麻的笔记，厚重成堆的资料，都是手写的，给我留下深刻的印象。我的另一个博导，封松林教授，当时很年轻，我是他的第一个博士研究生。我跟随封老师建立了国内第一个分子束外延和扫描探针显微镜联合系统。封老师非常富有创新精神，总是走在时代需求最前沿的科研领域，上次我们见面时他已经在研究智慧城市了。

在我后面的科研生涯里，主要是研究半导体纳米结构与光电器件性能，由于课题相近，也因此跟中国科学院半导体研究所王占国院士和李树深院士交流合作更多些。从他们身上，我学到了很多东西。与有识之人共事，不断地学习他人的长处，无论对科研、教育，都大有裨益。

2016 年，时任总理李克强在中国发明协会第七次全国会员代表大会召开之际，曾作出重要批示：发明创新点亮人类文明之光。近两年，我分别荣获了中国产学研（个人）创新奖和全国"发明创业奖·人物奖"。我每次前进的步伐，正是融汇了许多前辈、同辈还有后辈们的智慧。

乘风破浪，"国际范"

近二十几年全球化趋势越来越凸显，顺应潮流，博士毕业后，我先后到德国、美国工作。我深谙人才交流、协同合作的重要性。在外期间，我积极组织和参加国际学术会议，为同行们搭建一个最前沿成果交流平台，同时聚集领域内英才，促成会上"报告"、会下合作新模式。

借国家海外人才回国的东风我回到了祖国。我很感激时任校长李言荣院士和微电子与固体电子学院张怀武院长，在我加入电子科技大学初期给予的帮助。我带着大展宏图的抱负，一直在思考，我和我的团队如何乘风破浪。尽管有国家和学校的大力支持，对于成电这一老牌工科院校而言，在基础学科研究领域能够投入的仍然十分有限。我深知，从大环境来看，科技创新正不断突破地域、组织、技术的界限，演化为创新体系的竞争。2014 年获得第五届中国侨界贡献奖后，我更加坚定基础院走开放办学、国际接轨路线的初衷，贡献前沿科技、先进理念，成为推动改革、创新的重要力量。

基础院创办之初，人才与科研队伍便是夯实研究院发展的根基。结合国家人才引进计划和电子科技大学科研环境，我充分利用在国外十几年积累的国际资源与团队管理经验，推动科研平台国际化，为电子科技大学吸引海内外尖端人才。

刚刚发表 Nature 期刊封面成果的邓旭教授是我们在 2015 年从美国加州大学伯克利分校引进的基础院第一位国家级青年人才。这种兼收并蓄的多元化师资队伍是我们在基础研究方向取得一个又一个重大科研突破的核心力量。

我在团队年轻人的培养过程中不断强调：眼界应高，视野应远，努力朝世界一流进发。我们经常邀请不同国家地区的"大牛"学者进行专题讲座，让学生争取和更多优秀的人相处，不仅能学到知识，还可以端正做科研工作该有的态度。我常说：搞基础研究的人，更应该多交流，开阔自己的思维。所以我们一直致力于搭建教授与学生之间的桥梁，真正实现高层次杰出人才对学生的"言传身教"。

海纳百川，有"融"乃大

我始终认为，不论是做科研，还是搞教育，都需要像金庸武侠小说里的郭靖一样，汲取众家所长、触类旁通，把一个"武功小白"变成"武林高手"。比如，我比较自豪的一个项目——与休斯顿大学包吉明教授合作的"激光流控"。我们首先是通过合作，发现了一种新的现象，光通过金纳米颗粒的等离激元共振吸收和快速振动，实现了光致超声驱动流体。我们把这个现象和创新原理发表在 Science Advances 期刊后，进一步把它发展成为一种技术，制备了微流控泵，并把这个技术成果发表在美国科学院院刊 PNAS。在此之前，激光驱动流体基本上只是设想，甚至被认为是不可实现的。而我们团队在以自身为主导的基础上，通过联合培养博士后和博士生，整合国际尖端团队的研究优势，实现了具有突破性进展的创新性实验成果。

类似的，基础院的巫江教授，他是我在美国工作时指导过的学生，现在是作为国家级青年人才加入电子科技大学；童鑫，我们团队第一个获得电子科技大学和加拿大魁北克大学双博士学位的学生，成功入选电子科技大学"校百人"，从"小导师"转正了。他们的研究成果对国家未来光电集成和新能源材料应用发展意义重大。

我秉持的理念与校训"求实求真，大气大为"是一致的，"面向国家重大需求，做顶天立地真科研"。2016 年，我们邀请郭光灿院士做基础院名誉院长，他带领建设的量子信息研究中心，到现在已经初具规模。2019 年，我们邀请徐红星院士在基础院筹建光子集成研究中心，促进我校光电两翼协同发展。在我的规划里，量子和光子是我们学校进一步实现"理工深度融合"的重要载体。

海纳百川，有"融"乃大。响应习近平总书记的号召：聚天下英才而用之。希望更多有识之士，加入我们。在这里，我们一起把更多的不可能变成可能！

个人简介：

王志明，男，1969 年 10 月生，博士，教授，博导。国家级领军人才，美国光学学会会士，英国皇家化学学会会士。1998 年获中国科学院半导体研究所凝聚态物理专业理学博士学位。长期从事半导体微纳结构制备、表征和器件应用研究，主要聚焦在集成光子、量子科技、柔性电子、再生能源等交叉前沿领域的新材料基础领域。目前主持国家重点研发计划项目和负责高等学校学科创新引智基地。在 Science、Nature Materials、Nature Photonics、Nature Electronics 等国际高水平期刊上发表 SCI 论文六百余篇，被引用 18000 余次，H－index 为 70。担任《电子科学与技术（英文版）》主编、Nanoscale Research Letters 创刊主编、Nano－Micro Letters 共同主编。

⊙ 李严波和他的阳光成电

2022 年 10 月，基础与前沿研究院新闻网刊登了题为《"成电先进科研工作者"，李严波教授实力出道!》的文章，对李严波教授进行报道，全文如下。

李严波　教授

2022 年 9 月 30 日，电子科技大学举行了"2022 年电子科技大学教师表彰大会"，基础与前沿研究院李严波教授荣获"先进科研工作者"称号。让我们一起走进这位获得表彰的高产学者，了解他和他的"阳光成电"!

李严波教授团队近年来一直致力于光电催化材料与器件领域的研究，研究成果以一作/通讯发表在 *Nature Catalysis*、*Nature Communications*、*Energy & Environmental Science*、*Advanced Materials*、*Nano Letters*、*ACS Catalysis*、*ACS Energy Letters* 等高水平期刊上，其中 11 篇入选 ESI 高被引论文，3 篇入选 ESI 热点论文。

李严波教授于 2010 年获得日本东京大学博士学位，随后在东京大学化学系统工程系担任 JSPS 外国人特别研究员，2014 年赴美国劳伦斯伯克利国家实验室进行博士后研究。2016 年归国，加盟电子科技大学基础与前沿研究院，作为负责人组建了光电材料与器件研究中心，主持国家青年人才项目、国家自然科学基金面上项目（2 项）、四川省科技厅面上项目等多项重大课题。

练好内功修养，兴趣领航梦想

面对道阻且长的科研之路，兴趣是最好动力。李严波曾作为优秀学长受邀回母校上海交通大学和学弟学妹们交流，他说道，"自己能够走上科研之路，兴趣是最好的领路人"。李严波的个人履历丰富而精彩，我们可以看到他一直在学术道路上不断地追寻，通过不懈努力去达到更高的境地。

可就算是学生时期的学霸，李严波也认为自己在本科阶段所学的物理系课程"还是存在一定难度的"，而兴趣的驱使、梦想的指引，让他深刻地意识到日后想从事科研，就必须得付出努力和心血，要打下扎实的理论基础。在硕士阶段慢慢走入科研之后，他找到了自己真正感兴趣的方向，从始而终地遵循自己的内心，一路追随，才有了今天我们所见的"成电先进科研工作者"李严波教授。

攻克关键技术问题，赶超世界纪录

通过人工光合成方式将太阳能转化为可存储、可运输的化学能是实现"双碳"目标的关键技术路线之一。光电催化水分解制氢可以将太阳能直接转化为清洁的氢能，为发展可持续的氢能经济提供"绿氢"来源，因此是新能源领域的重要前沿研究领域。针对热力学上更具挑战的光电催化水氧化过程中存在的关键问题，李严波教授团队一直致力于开发高效率的光电催化水分解光阳极，在氮化钽（Ta_3N_5）基高效率光电催化水分解光阳极的开发方面取得了突破性进展。通过纳米结构设计、缺陷和能带调控、界面工程、高效 OER 助催化剂修饰等手段对决定光阳极效率的三个基本过程进行调控，逐步提升了 Ta_3N_5 光阳极的半电池太阳能 - 氢能转化（HC - STH）效率的世界纪录值。

在前期通过纳米结构设计实现 1.56% HC - STH 效率的基础上（*Nat. Commun.* 2013，4，2566），团队近五年通过缺陷和能带调控、界面工程及高效 OER 助催化剂修饰，将 Ta3N5 光阳极 HC - STH 效率的世界纪录值由大连化物所李灿院士团队报道的 2.5%（*EnergyEnviron. Sci.* 2016，9，1327）和东京大学 K. Domen 教授报道的 2.72%（*EnergyEnviron. Sci.* 2020，13，1519）不断提升至 3.31%（*Nat. Catal.* 2020，3，932）和 3.46%（*Nat. Commun.* 2022，13，729）。

李严波和他的"阳光成电"

"基础与前沿研究院光电材料与器件研究中心"名字太长，不如就叫"阳光成电（solar - to - electron）"吧！"阳光成电"是在 2021 年 3 月成立的团队品牌，既形象地描述了这是一个来自于成电并且常常沐浴在阳光下的团队，又点明了团队的研究方向，将太阳能转换成电能、氢能等形式。目前团队有正高级职称 1 名、副高级职称 1 名、博士后 1 名、博士研究生 4 名、硕士研究生 7 名、科研助理 1 名，还有 11 名往届组员，是李严波强大的粉丝后援团，大家都是李老师的铁粉！

阳光成电是一个温馨的大家庭，2021 年评选为基础院首届优秀"导学思政"培育团队。团队内优秀人才更是层出不穷，李严波获得了基础院 2020～2021 年度人才培养优秀奖。第一届博士生（2017 级博士毕业生）肖业权获得了四川省优秀毕业生，中国化学学会"京博优秀博士论文"提名奖。

李严波在阳光成电，就如同"团宠"一般深受大家的爱戴和追捧！这源自于他平时对待同学们如同自己的孩子一般，无微不至，细心呵护。即使是周末和寒暑假，也能在实验室看到李严波忙碌的身影，或是指导学生操作实验设备，或是自己亲自动手示范。生活上，他也非常关心和照顾同学们，常常将"做实验要注意安全"挂在嘴边，时刻提醒同学们规范操作！

校级优秀硕士论文获得者曾秋桂同学回忆道，李老师的专业造诣、人格魅力和帅气外表，让她在参加夏令营的时候就毫不犹豫选择了成电！

在"大弟子"肖业权博士眼里，李老师是一位"十分随和与开朗"的教授，他充满怀念地说"李老师从不会要求我们必须做什么，只要观点正确，都会采纳。平时实验就算以他的角度觉得不行，也会让我自己先做一下，试错后再和他交流讨论。老师基本上不发脾气，有时候不小心弄坏仪器设备，也只是叫我们下次注意点。"

正是这样，李严波带领着他的阳光成电团队，始终坚持立德树人，秉承严谨务实的科研态度，不断产出高质量的原创性成果，勇创新、求上进，永远追逐心中那抹绚丽而温暖的阳光！

个人简介：

李严波，男，1983 年 4 月生，博士，教授，博导，国家级青年人才。2010 年获日本东京大学产业机械工程专业工学博士学位。主要致力于高效率氮化钽（Ta_3N_5）光阳极材料的开发，通过纳米结构设计、缺陷和能带调控、界面工程、高效 OER 助催化剂修饰等手段提升 Ta_3N_5 材料吸光能力、促进光生电荷分离、增强表面催化转化，逐步提升了 Ta_3N_5 光阳极的半电池太阳能－氢能转化效率（HC－STH）的世界纪录值。以第一/通讯作者身份在 *Nat. Catal.*、*Nat. Commun.* 等学术期刊上发表论文 70 余篇。主持国家自然科学基金面上项目（2 项）、四川省科技厅面上项目、成都市重点研发支撑计划等项目，担任 SCI 期刊 *Nanoscale Research Letters* 副主编及电子科技学刊（JEST）执行主编。

⊙ 科研有态度　生活有温度

2021 年 7 月，基础与前沿研究院新闻网刊登了题为《Abolfazl Bayat 教授团队：科研有态度，生活有温度》的文章，对 Abolfazl Bayat 教授进行报道，全文如下。

Abolfazl Bayat 教授是一个"有意思"的人。每个和他接触过的人都知道他严肃认真、要求颇高，与他共事需严谨再严谨、仔细再仔细，可这些人同时也会称赞他风趣幽默、兴趣广泛。学生称他为严肃与有趣的集合体，朋友说与他工作非常开心，这样一个有趣的"矛盾体"，让人很想一探究竟。

第一次见到 Abolfazl Bayat 教授，是在团队教研室，他悄然走进角落里轻声与他人交流，不想打扰旁人。条纹POLO衫，黑色休闲裤，配上运动鞋，让人一眼难以看出他是团队导师。

Abolfazl Bayat　教授

小而精的队伍，专注精而深的科研

在加入电子科技大学基础与前沿研究院之前，Abolfazl Bayat 曾在英国伦敦大学学院和德国乌尔姆大学开展科研工作。2017 年，Abolfazl Bayat 作为国家级青年人才引进，加入了电子科技大学基础与前沿研究院，筹办量子信息技术实验室并组建自己的科研团队。

Abolfazl Bayat 教授团队的研究重点是强相关多体系统的理论研究及其在量子技术中的应用。成立四年以来，团队已在 *Physical Review Letters*、*Quantum*、*Physical Review A*、*Physical Review Research* 等国际期刊发表高质量论文 12 篇，主持国家自然科学基金 2 项（其中 1 项目为重大研究计划），横向项目 1 项。团队博士后获国家博士后面上资助项目 2 项，国家自然科学基金外国青年学者基金 1 项。

聚焦自主性研究，培养创新型人才，是团队的核心宗旨与培养目标。团队现有成员共13人，包括专职教师2人，科研助理1人，外籍博士后4人，学生6人，成员来自中国、伊朗、智利、印度、巴西等地，是一个"小而精"且颇具开放性的国际化科研团队。Abolfazl Bayat 教授会根据学生的特点制定不同的培养计划，成员相互独立又紧密联系。在这 13 个人的团队当中，每个成员都有属于自己的角色，"IT 担当吕楚凡""氛围担当 Victor""温柔担当 Rozha"等等，他们站立于同一个科研方向的不同分支，以 Abolfazl Bayat 为核心，形成"博士后－博士－硕士"的发散式学习链条。

每个学生会随着知识的不断积累逐渐向中心靠拢，多维聚集并最终形成紧密的团体。这种极具个性与共性的团队工作范式，使得每一位成员在得以充分发挥自己的个性与专长的同时，又能深入探索各自研究方向最前沿的领域。

专实发展奠基础， 纵深推进筑高楼

单丝不成线，独木不成林。基础研究是在围绕特定目的或目标进行研究的过程中获取新的知识，为解决实际问题提供科学依据，它具有探索性、创造性、继承性以及鲜明的时代特征，这些前沿问题的探索与发展需要集众人之智，筹众人之力。科学研究首先应该树立世界共有的观念，开放与包容是每一个国际化队伍都应具备的特质，Abolfazl Bayat 教授更是深谙这一点，十分注重拓展学生的国际化视野。他与意大利、英国、巴西、西班牙等全球 22 名量子信息领域的教授及其团队进行科研合作，并经常性开展学术交流活动，至今已邀请国内外专家学者进行线上学术报告 32 次。

对待学术严格认真的同时，Abolfazl Bayat 教授身上也颇具人文色彩。"导师及团队都有清晰的目标，在拉动国际资源的同时也给予我们更多的自由、尊重与关爱，我在这里工作非常开心。"Rozha 是该团队唯一的女性研究员，她与 Abolfazl Bayat 教授相识于伊朗的一次国际学术会议上，对 Abolfazl 教授的研究方向深感兴趣。完成博士学业后，Rozha 毫不犹豫地加入 Abolfazl 教授团队。

正所谓唯宽可以容人，唯厚可以载物。在 Abolfazl Bayat 看来，思想的碰撞更有利于培养创造力，他希望通过学术交流激发学生对量子信息技术的渴望，点燃学术研究激情，"我希望我的学生成为解决问题的人"，这也是他对学生的要求。

科研需要严谨的态度， 而生活则需要爱与温度

作为引进人才，Abolfazl Bayat 在业余时间经常受邀到成都中小学开展科普讲座，据团队学生唐效禹介绍，Abolfazl Bayat 经常单独给学生"开小灶"，"研二正式参与科研项目之前，导师会手把手地将所有相关知识点串联一遍，甚至有师兄在博士申请答辩时，导师会亲自修改 PPT"。在唐效禹看来，担任导师的 Abolfazl Bayat，学术上严肃认真，对学生有着高要求与高期望；作为合作伙伴的他，生活

中充满欢乐与"囧事"，经常与团队成员分享他的轶事八卦。

当然，交朋友也是 Abolfazl Bayat 的一大兴趣。现在的 Abolfazl Bayat 已在成都定居，结交了众多中国朋友，他经常在周末与朋友一起登山、滑雪、聚餐等，虽然身处异国他乡，可有了中国朋友的陪伴倒也逍遥自在。

每周五下午是团队固定的交流时间，在轻松愉快的氛围中，每位成员可以自由分享近期的研究工作进展，结束后组织集体体育活动，来为这周的工作做个 happy ending。作为外籍导师和国际团队，Abolfazl Bayat 也有自己的担忧，"很多学生认为外籍导师会有沟通障碍，我们希望更多中国籍学生加入，为团队注入新的活力。"他未来十年的目标是扩展国内外合作，为量子信息发展提供更多创新点，以支撑强大的运行系统，Abolfazl Bayat 教授说："个人目标是无界限的，不能被框架所束缚。"

个人简介：

Abolfazl Bayat，男，1980 年 2 月生，博士，教授，博导，国家级青年人才。2008 年获伊朗谢里夫大学物理学专业理学博士学位。2013 年至 2017 年在英国伦敦大学学院担任研究员，2017 年底加入电子科技大学基础与前沿研究院。主要研究方向为量子信息与凝聚态物理，利用强耦合的多体系统作为纠缠源并将其运用于量子技术，如量子通信和量子计算。在相关领域内国际顶级期刊上共发表了 32 篇高质量论文，包括 *Nature Communication*（1 篇）、*Physical Review Letters*（5 篇）、*Physical Review B*（4 篇）、*Physical Review A*（13 篇）等，其中第一作者 19 篇。据 Google Scholar 统计，论文总引用超过 619 次，h-index 为 17，单篇最高引用率 72 次。担任多个国际顶级刊的审稿专家，如 *Physical Review journals*、*New Journal of Physics* 等。

⊙ 全院同频同心　其力排难断金

2019 年 11 月，基础与前沿研究院新闻网刊登了题为《张妍宁：全院同频同心，其力排难断金》的文章，对张妍宁教授进行报道，全文如下。

"我最喜欢基础院的一点就是，我们彼此的背景和认知都比较相近，"教工党支部书记张妍宁介绍道，"研究院更是通过扎实的思政建设、深入的交流活动把大家进一步凝聚到同一个频道上，形成共振，形成合力然后为了同一个目标而努力奋斗"。

张妍宁　教授

高层次人才带队，用科研的方法学习先进思想

基础院的规模不算大，但教工党支部可是藏龙卧虎，教师党员正高级职称比例达到了 100%，支委更是由教授和电子科技大学"校百人计划"入选者构成，按张妍宁的话来说便是，"我们的成员个个都是有 title 的"。

大家都是搞科研出身，学起知识来，就绝不搞花拳绣腿、生搬硬套的虚路子，要用自己的看家本事——"我们经常把学习思想比作学习牛顿定律"，张妍宁说道，"既要学通学透，也要灵活运用"。在集中学习后，支部成员往往都自发展开讨论，研究各种思想在科研、教学等不同场景下融合运用。也许对别人来说可能略显枯燥的过程，基础院的老师们反倒钻了进去，从理性和逻辑的角度，像研究论文一样条分缕析地探究每一个要点，把被动的学习接受转化成了集思广益的探索和主动汲取，自然是乐在其中。

"基础院刚成立五年，老师们都正当壮年，支部整体年轻化是我们的一大特点"，张妍宁说道。大家的生活和工作节奏都差不多，年龄也相仿，逐渐形成了沟通性和开放性比较强的氛围，常常能结合当下热点话题进行讨论学习，既接地气又有灵活性。但是由于成员大多年轻，比较缺乏实操的经验，在具体开展活动的时候容易懵圈。张妍宁自有妙招，"理工科的老师们对于思政领域的知识相比起来还是要匮乏一些，但是我们擅长解决问题，经常会去请别的支部的老同志来带带我们。"

基础院的大多数老师都有长年国外研究背景，在国外研究机构经常参与氛围轻松的研讨会。大家回国之后讨论起类似的经历，于是一拍即合，把一定比例的教授会议通过小型工作餐的方式来展开。"我们管它叫'教授午餐会'，一般是每个月的最后一个星期四"，张妍宁说道，"这天院长书记和教授们一起共进午餐，有时候还会邀请一些其他学院或职能部门的老师参与讨论，互相交流学生培养、心理健康、思政教育、学术前沿等很多老师们关心的话题"。

教研管合力， 组通达的网络带动全院

科研上往往提倡多学科交叉融合，组织建设何尝不能如此。教工党支部在组成上不拘一格，除教职工外还吸收囊括了研究院的博士后和行政岗位上的党员，构成了"教—研—管"混合型青年骨干队伍。

一个学院大抵便是由老师、学生、行政构成，党支部则是基础院的一个小缩影，聚集起了学院的精华和骨干。老师们往往各自主导一门学科和实验室的科研工作，也承担有相应的教学任务；博士后则兼具小导师的职责，是导师和同学间的润滑轴承；行政老师本身就要联动全院，工作范围涉及研究院大大小小的每个角落。"纵横交错，不同角色和身份的党员们构成了一个能够辐射全院的网络"，张妍宁介绍道，"只要我们自己做好示范，同一个实验室的学生能感受到，同一堂课上的同学能体会到，行政同事的日常工作也能渗透到大家的生活中去，这就起到了党员的带头作用，构筑了一个扎实的组织平台。"

大家的角色身份不同，研究的学科领域不同，看待事物的角度自然也是不同，全方位和多层次的讨论往往能打开大家的思路，碰撞出更灿烂的火花来。既要实现学术教研组交叉，也要在学术课题间渗透，还要注意教研和行政互补，基础院能上下同心凝结成一股绳，和这个协作型党建"网络"有着密不可分的关系，支部也成为了学校上下"对标争先"的学习样板。

教工党支部一直以来都保持着不断学习不断提高的传统，除了每个月固定的学习交流时间，张妍宁还积极推动大家自我学习和网络学习等不同方式，坚持每个学期都能组织外出实践活动，丰富大家的精神生活。与此同时，党支部的影响力也在逐步扩大，纵携学生党支部，横联其他学院党支部，外联校外党支部，组织了教职工和中科院的互访活动，学生党支部和西南石油大学的联合活动等等，通过不同的途径将正能量传播出去。

助推中国梦， 守不变的初心承担使命

基础院是学校为了提升整体基础研究水平和学术影响力而特别筹建的学术特区，"做好研究、出好成果"便是自成立以来就始终不忘的初心。教工党支部是研究院的火车头，也是凝聚着研究院的核心科研力量，更要勇于承担自己的使命，撸

起袖子加油干。"不仅是老师也包括学生，我们当初会坚定科研的道路走下去，无非是为了把人类发展最前沿的美好成果展示给大家看，这既是我们的初心，更是一种担当"，张妍宁说道："当年老一辈科学家的使命是突破重重封锁，在祖国一穷二白的时候实现从 0 到 1 的跨越；我们新时代科研工作者的使命就是在 1 后面快速加 0，以基础科研领域的贡献，带动学科整体建设，推动科技应用发展。"

除却科研工作者的身份，基础院的老师们还要承担传道授业解惑的职责，坚持立德树人，落实全面发展，培养出了以童鑫为代表的"百名优秀共产党员标兵"、两名"成电杰出学生"和无数科研上的骨干尖兵。行政老师也在自己的岗位上为研究院的建设、师生的成长保驾护航，在工作的过程中融入管理思维，呵护浇灌大家的初心。

"党性建设本身的目的就是要团结大家的思想，为着共同的目标而努力"，张妍宁讲道，"我们以这样的契机团结在一起，在交流中更加明确自己在集体中的定位，更清晰地认识到研究院的四年规划、学校的长远目标、国家的重大需求，从而更好地肩负起使命和责任"。通过思想层面的深耕建设，让身处不同的领域和学科的大家在思想上集中在同一个频率上，形成共振，推动着整个研究院披荆斩棘地继续向前。

未来张妍宁还希望自己能更加系统和全面地学习党的理论、党的思想，向其他优秀的党支部取经，切实提升党员意识和政治素质，发挥好支部战斗堡垒作用。同时以教工党支部作为发起点和火车头，发挥党员先锋模范带头作用，聚焦先进典型，让身边人讲好身边事，让身边事激励身边人，形成示范引领、化风成俗的强大力量，营造对标先进、见贤思齐、争当优秀的浓郁氛围。进一步联合各民主党派人士，团结吸收党外同志，带动起全员参与、全面和谐的新气象。

个人简介：

张妍宁，女，1980 年 4 月生，博士，教授，博导，国家级青年人才，成都市创新人才。2008 年获山东大学材料加工工程专业工学博士学位，后进入美国加州大学尔湾分校博士后工作站，2013 年 11 月加入中物院成都科学技术发展中心，2016 年 12 月起任电子科技大学教授，2023 年 1 月起担任英才实验学院党总支书记。组建量子材料物理与计算团队，长期围绕"表/界面电子结构和物性调控"，对新型量子材料、低维磁性材料以及碳基微纳器件中的重要表界面问题进行研究，其以有效电子结构和磁序变化调控材料表/界面物性的理论方案为深入理解实验背后的物理机制提供了重要支持，为新材料的发展提供了设计方案。在 *Science*、*PRL*、*JACS*、*Nano Letter* 等国际期刊上发表学术论文 100 余篇，担任量子物理与光量子信息教育部重点实验室主任、中国材料研究学会计算材料学分会委员及多个国际学术期刊审稿人。

⊙ 让人工智能成为 "显微镜"

2017 年 3 月，电子科技大学新闻网刊登了题为《【启梦成电】祝峰：让人工智能成为 "显微镜" ——记科睿唯安全球高被引科学家、我校基础与前沿研究院祝峰教授》的文章，对祝峰教授进行报道，全文如下。

"学生最先发短信告诉我这个好消息，几个 QQ 群都沸腾了！"祝峰教授谈起 2015、2016 年两次入选汤森路透（现为科睿唯安）全球高被引科学家名单，坦言第一次入选让他更难忘。

"每个人都希望自己的工作得到承认，因为这个艰难的过程中总是有迷茫，怀疑自己的方向对不对。"而首次入选全球 "高被引" 榜单，让祝峰不仅确定了工作的价值，更是惊喜地发现，自己在科学界有诸多 "粉丝" 追捧。

祝峰 教授

在基础与前沿研究院九楼的办公室里，祝峰讲述起自己的科研经历。他 36 岁开始读博，与比自己小十余岁的同学 "同场竞技"，凭借勤奋努力，打下坚实的学术根基；他与 "粒计算" 结下 "不解之缘"，从国内到新西兰，十余年清冷苦研，在人工智能领域一展身手；他深谙学术智慧，沙中淘金，戏剧性地获得 "高被引" 论文的灵感……

"记得在新西兰奥克兰大学时，我经常带着午饭到附近一家公园。"祝峰突然宕开来，讲到生活中的趣闻。他回忆起海鸟落在身边啄食饭粒，亲热地拍打着翅膀。祝峰就是这样一个 "矛盾体"：他喜欢宽松惬意的氛围，也竭尽全力拼搏；他充分运用智慧 "闯关"，但又总认为自己还不够，还不够。

化整为零： 超前十余年， 从 "粒" 的角度研究人工智能

"长期从事人工智能研究，系统地建立了基于覆盖的粒计算理论。"祝峰的个人介绍中，寥寥数语却很有分量。从新颖的角度研究和推动人工智能，祝峰是如何做到的呢？

"就像超市的货物管理一样"，祝峰用浅显的例子来类比"粒计算"，"人们按照各种标准将商场划分为若干块，以此来安排货架。"他说，这个"块"就是"粒"的概念。在茫茫大数据中进行粒计算，意义不同凡响。"面对数量级、复杂度高的数据，我们进行颗粒划分，把复杂问题抽象、划分，从而转化为若干较为简单的问题。"

"基于覆盖"的理念在粒计算的研究中再起高峰。"原来的粒计算理论是比较粗糙的，是基于划分的，"祝峰说，"覆盖比划分更广泛，更具适用性。"他认为，信息的不确定性是常态。因此，信息粒应有交叉，相互覆盖，而不是完全独立的。

当人工智能掌握"粒计算"，它就像显微镜一样，分析海量信息。这将对科学界和人类社会都会产生深远影响。然而，十余年前，祝峰研究的领域并不被看好。"谁也想不到现在人工智能会这么热，热到滚烫的地步。我在1998年开始做研究时，还是一片冷寂。"他笑着说。

祝峰对人工智能研究的执着源于三位导师的"正能量"。1998年，他在西北工大师从何华灿教授。虽然当时人工智能处于低谷期，科学界弥漫着怀疑和悲观的情绪，但何教授初心不改，坚持研究。祝峰受恩师学术精神的影响，一头扎进人工智能的研究中。后来，他在美国、新西兰求学，导师王飞跃教授、Clark Thomborson教授都是格局宏大，具有非凡的前瞻眼光的科学家，他们也非常支持祝峰在人工智能中继续钻研。"十年窗下无人问"，而今终于迎来了厚积薄发的时刻。

沙中淘金：在普通刊物上发现灵感，成就"高被引"

在发表全球高被引论文前，祝峰已被一个学术问题困扰了两年。"那个问题始终做不动，一直找不到解决方法。"尽管如此，祝峰没有忘记这个难题，试图找一个突破口。

有一次，他在国内一份普通学术刊物上看到一篇文章，这让祝峰脑子里灵光一闪。"许多名校学子都只看国际前沿的英文期刊，而事实上，许多国内期刊仍有许多宝贝。"祝峰看到的这本普通大学的学报上的文章，让他认识到以前只是"一个弯没有拐过来"，稍微变一下思路，就是"柳暗花明"了。祝峰趁热打铁，深入研究，在覆盖理念下约简大数据大量冗余信息的新方法诞生了！

经历这场漂亮的学术战役，祝峰对"学术牛人"和"学术素人"的文章有了一番别具特色的见解。他认为，许多学生对"牛人"认识有误区，他们只看"牛人"的文章和具有相当水平的文章，"到最后，除了崇拜牛人，获得的东西并不多。"

"看论文的目的不是为了崇拜，而是要为我所用。"祝峰认为，一方面，"学术牛人"的文章有前瞻性，思想深刻，能给予人启发；另一方面，由于"学术"训练有素，什么都做得很好，"不会留下多少东西给你"。在他的眼里，"学术素人"的文章却是"富矿"。"他们的文章水平不行，丢三落四，但偶尔冒一个闪光点。他自己不知道，却被你捡到了。"

在寻找学术灵感时，祝峰就是这样"高低结合"地看着论文。"我看论文很快，也不去刻意地完全理解论文，读懂读不懂都无所谓，就是看有没有可用的。"就这样，他在沙里淘到了真金，解决了学术难题，成就"高被引"传奇。

"高龄"攻博：36岁，不甘平淡的人生爆发能量

回顾学术生涯，祝峰认为36岁攻博是他人生的一个转折点。

"我的许多同学都比我小十几岁，非常出色。我就读的西工大计算机专业也是非常强的。"祝峰说，"我第一次感到非常大的压力。"他当时觉得，壮志雄心已经成为奢侈，"能不能毕业都成了难事"。

抱着"笨鸟先飞"的想法，祝峰开始读博。他发现"聪明人有聪明的好处，不聪明的人有不聪明的好处"。有些学术问题他理解不了，就一直放在脑子里，一遍又一遍地想。直到有一天发现了人们忽略的某些细微的问题。这样有压力的生活，也让祝峰始终保持着对学术的热爱。反复琢磨而未得，祝峰对学术之路却倍加珍惜。

当祝峰到奥克兰大学学习时，他发现自己与国外文化的差异。其他人都觉得周末休息是天经地义的事情，而祝峰却觉得"哪有什么星期六、星期天，每一天都得认真干活。"他的心里有一个朴素的想法，自己毕竟出国时年纪偏大，将来回国，一定要比以前水平高，"才好意思"。

拥有信念的人持久地研究着学术问题，力图更透彻，更深刻。祝峰打了一个比方，"就像爬珠穆朗玛峰，要登上8848.86米的巅峰。如果另外一个人爬100座山，每座100米。他能不能说自己爬得更高？不能吧。"在科研的道路上，更需要持久、系统地去工作。祝峰认为自己十余年坚持在"粒计算"方面深耕，既让前后工作成为相互联系、相互影响的体系，又让自己的学术能力不断攀登新的高度。

学者心声：不辜负伟大的创新时代

"我与电子科技大学还蛮有缘分的。"时隔多年，祝峰还记得那个极具意义的周末。他收到了成电的电邮，信中热情邀请他赴蓉工作。"我毫不犹豫地答应，来到这所电子信息领域的知名学府。"

祝峰在电子科技大学继续着人工智能领域的工作。在他看来，人工智能的未来不可限量。一定要抓住机遇，在国家、学校提供的良好环境中作出有价值的工作，"不辜负伟大的创新时代"。

"人工智能的研究速度让科学界都很惊叹。"祝峰举了 AlphaGo 的例子，"几年前，业界认为人工智能能达到围棋的业余三段就不错了，但现在来看它已经能战胜所有的人类棋手。"海量的数据、强大的计算力和先进的算法已大步推进了深度学习，人工智能的发展提速。

祝峰希望能带出一个潜力无限的科研团队，"这里有许多的学生非常勤奋，很出色。"他想在较为前沿的方向，开发新的算法，形成新的技术，甚至直接可以用于社会。在这个过程中，他将以自己的经验和能力指导和影响年轻人，让他们发挥潜力。

电子科技大学在机器人研究、深度学习和大数据等方面积累丰厚，发展蓬勃。祝峰也希望与学校老师加强联系，强强合作。

个人简介：

祝峰，男，1962 年 7 月生，博士，教授，博导，科睿唯安全球高被引科学家。2006 年获新西兰奥克兰大学计算机科学专业哲学博士学位。长期从事粒计算关键问题、覆盖粗糙集、云计算、云教育平台的理论研究，承担国家自然科学基金 2 项，享受国务院政府特殊津贴。在 *IEEE Transactions on Knowledge and Data Engineering*、*IEEE Transactions on Intelligent Transportation Systems*、*Information Sciences* 等国际期刊发表多篇论文，多篇论文入选"ESI 高被引论文"数据库。曾获中国自动化学会自然科学奖一等奖，IEEE 粒计算学会杰出贡献奖。担任国际粒计算学会中国分会副主席、国际粗糙集学会理事会（八人）理事、中国人工智能学会理事、中国人工智能学会人工智能基础专业委员会副主任、中国自动化学会粒计算与多尺度分析专委会发起人及主任。

⊙ 科研路上的坚守者

2022 年 3 月，成都科协刊登了题为《致敬科技"她"力量（一）：科研路上的坚守者——吕琳媛》的文章，对吕琳媛教授进行报道，全文如下。

学术篇　漫漫科研路 孜孜求索心

"娃娃脸"、"温婉小巧"，这是很多人见到吕琳媛的第一印象，然而当你了解她在科研上取得的成绩之后会让人由衷地敬佩。这位被《麻省理工科技评论》评选为"MIT35 岁以下中国科技创新 35 人"的年轻教授，在 *PNAS*、*Nature Communications*、*National Science Review* 等高水平期刊发表论文百余篇，授权专利十余项，担任国际网络科学学会理事以及国内外多个学术期刊的编辑，是复杂科学研究领域的知名学者。在 2021 年第三届科学探索奖名单中，她是西南地区唯一获奖者，也是前沿交叉领域唯一获奖的女性科学家。

吕琳媛　教授

2008 年，吕琳媛在瑞士弗里堡大学攻读博士学位，最初的研究课题是新信息经济理论的重构，但那个时候传统经济学对新理论的接受度不高，在完成两篇工作之后，她开始意识到这是一个需要长期积累的研究方向，于是她便安下心来开始研究最基础的问题，即如何对一个复杂的经济系统进行建模。在这个过程中她发现利用网络对复杂经济系统进行抽象，然后通过研究网络的特征和规律来理解其所对应的系统是个有意思的思路，于是开始接触复杂网络方面的研究，并对网络信息挖掘这一方向产生了兴趣。虽然当时这并不是一个热门领域，但是她相信这将是未来极具潜力的方向，于是将研究重心从关注复杂经济系统转向了关注各类复杂系统背后的普适性、基础性的复杂网络信息挖掘。

"选择往往比努力更重要"，吕琳媛回忆起来依旧坚定："我相信自己的判断以及研究本身的理论价值和应用前景，也很庆幸自己一直在从事这个'冷门'的方向。"后来她在链路预测和节点排序两个方向上陆续取得系列的研究成果，博士毕业那年大数据开始火热起来，她的研究正好有了用武之地。通过与高新技术企业开展紧密合作，将研究成果已应用于社会经济服务等领域，例如网络舆情监控、致病基因预测、运营商流量管理等实际系统中，产生了相当的社会经济价值，而这些成功取决于她对科研的信念和选择。科研对她而言，始于机遇和好奇，陷于兴趣和钻研，更忠于长期的热爱。吕琳媛笑着说自己取得的成绩背后也有很多次的失败。但当她回首过往科研之路时，发现正因为初心和对未知的渴望，才让她一路走到今天。

教学篇　谆谆恩师诲 循循教学情

在多次采访中，她表示对她科研道路影响最大，帮助最多的人就是研究生期间的两位导师——一位是在北师大读研究生期间的硕士导师，知名经济物理学家王有贵教授，另一位是在瑞士读博期间的导师，国际著名统计物理学家张翼成教授。吕琳媛曾讲道："遇到这两位好导师，是我的幸运。"

谈到她的教学理念，她依然铭记恩师对其科研上的教诲："要做原创的东西，做有品位的东西。"导师的一句教诲，使得吕琳媛在后期的科研中不断践行，不断在复杂网络圈里"杀"出一条创新之路，成为链路预测的标杆性人物、复杂网络研究的青年领军人物。

在自己成为老师之后，她把这份教诲延续到了自己的学生身上。"前辈们卓越的科研眼光和精神是需要传承的"，在自己的教学经历中，她一直秉承"学以致用，攻坚克难，结合国家战略需求，做出有价值的创新成果"的理念。在对学生的教导上，吕琳媛一直向学生们强调学习能力、学习方法比知识本身更加重要。"这就好比一台电脑更高级是因为它有更强大的 CPU，而不是因为它储存了更多的数据。"

每年教师节，吕琳媛都会给学生们写一封信，这也成为她的团队 CSSC（Complex System and Social Computing Center）大家庭的传统。在信中，吕琳媛会告诉学生："研究生的学习时间稍纵即逝，如何不虚度，不仅要提高工作效率，还要做好未来的规划。她希望同学们在科研工作中培养独立解决问题的能力、严谨的科研态度、扎实的写作功底、良好的沟通技能以及对科学问题的敏锐度。同时希望同学们在生活上保持健康的体魄，注意加强体育锻炼。"这种严谨与关爱并济的方式让同学们十分受用。

生活篇　生活是根平衡木 美好不容辜负

在家人、同事及学生眼中，吕琳媛是一个不折不扣的"工作狂"。一旦坐在电脑前就进入了忘我的工作状态，几乎可以一整天都不起身。"做科研必须要专注才有可能有收获。科研并不是付出了就一定有回报，它是一个不断试错的过程，而每一次失败都是向成功迈进了一步。所以需要专注和坚持"，吕琳媛说道。虽然艰辛，但乐在其中。

教师、女儿、妻子、母亲，吕琳媛在多种角色和身份之间平衡得很好。"就我现在的生活来说，科研、教学、学习与陪伴家人这些早已分不开了"，吕琳媛说道。在平常的生活中，吕琳媛认为自己就是一名普通的 80 后青年，喜欢画画、旅行和美食。"我也和大家一样，喜欢在享用美食前拍照发朋友圈。"在她看来，能够从事自己热爱的事业，同时还保持对生活的热爱和兴趣的坚持，已经是非常幸运的事了。

"生活是根平衡木，我们每个人都要努力过好自己的生活"。生活中除了工作，吕琳媛非常注重与家人的交流和陪伴。"正是有这个团结友爱的大后方，我才能心无旁骛地把大量时间精力投入工作中，家人也是我团队的重要成员"，在她看来，科研团队的同行者在科学探索的道路上携手共进，勇攀高峰，而家人的支持和鼓励让她在这条路上更加坚定，倍感幸福。

未来篇　未来可期 热爱可抵岁月漫长

说到未来的规划，吕琳媛的眼里总是充满着光芒。在未来的科研道路上，她会继续坚持一贯原则：一是要去找大问题，二是找大问题中有长期影响且别人没有做过的问题，三是用原创性的方法去做。吕琳媛表示，她及其团队目前正把目光聚焦在基于高阶框架的网络信息挖掘基础理论和方法以及将这些理论和方法应用在脑科学和人工智能等国家重大战略需求领域。"尽管前方的路很艰辛，但我们不会停止热爱以及探索的脚步"。

个人简介：

吕琳媛，女，1984 年 5 月生，博士，教授，博导。2012 年获瑞士弗里堡大学理论物理专业理学博士学位。国家优秀青年科学基金获得者，入选"MIT35 岁以下中国科技创新 35 人"，国际网络科学学会理事会理事，爱思唯尔中国高被引学者。

在网络信息挖掘领域长期耕耘，取得了一系列成果，具有一定国际影响力，8 篇论文入选 ESI 全球 Top－1% 高引用论文。发表学术论文 80 余篇，SCI 他引 8000 余次，谷歌学术引用 14 000 余次，引用过百的论文 24 篇，H 指数 38。成果入选中国百篇最具影响国际学术论文。发表期刊包括物理领域高影响力期刊 *Physics Reports*，综合类学术期刊 *PNAS*、*Nature Communications*、*National Science Review* 以及专业权威期刊 *New J Phys*、*Phys Rev E*、*Commun Nonlinear Sci* 等。申请发明专利 21 项，授权 10 项。2019 年入选《麻省理工科技评论》中国 35 岁以下科技创新 35 人。2020 年获系统科学与系统工程青年科技奖。2021 年获第三届科学探索奖，成为前沿交叉领域首位女性获奖者，入选爱思唯尔"中国高被引学者"（物理学）。2022 年，因其在网络信息过滤方面的开创性贡献荣获国际网络科学学会 Erdös－Rényi Prize 奖，成为该奖项设立 11 年来首位中国获奖者。2023 年获第十九届中国青年女科学家奖，担任国际网络科学学会理事会理事、中国工业与应用数学学会复杂网络与系统控制专委会委员、中国中文信息学会社会媒体处理专委会常委、中国指挥与控制学会网络科学与工程专委会常委等社会职务，*National Science Review*（*NSR*）特邀编辑，*JSTAT*、*IJMPC*、*Physica A* 等期刊编辑。

⦿ 发现碳化硼，找到人工固氮"神器"

2018 年 11 月，电子科技大学新闻网刊登了题为《【美丽成电·创新之美】孙旭平：发现碳化硼，找到人工固氮"神器"——基础院孙旭平教授团队找到了可以高效合成氨的非金属催化剂》的文章，对孙旭平教授进行报道，全文如下。

用碳化硼纳米片充当非金属催化剂，在常温常压下就能进行高性能电化学反应，实现较高的产氨率。这种新发现的固氮"神器"可不简单，它是目前水相环境性能最佳的氮还原反应（NRR）电催化剂。

近日，电子科技大学基础与前沿研究院孙旭平教授团队与北京师范大学化学学院崔刚龙教授、山东师范大学化学化工与材料科学学院唐波教授合作，在国际著名期刊 *Nature Communications* 上发表了相关研究论文，公布了这一研究成果。

孙旭平　教授

该研究不仅为合成氨提供了一种极具吸引力的非金属电催化剂材料，为电催化固氮技术的工业应用开辟了广阔的前景，而且为基于碳化硼的纳米催化剂的合理设计开辟了一条应用于人工固氮的新途径。

破解"合成氨"难题：寻找更便宜的催化剂

合成氨是人类社会至关重要的化工产品，广泛应用于化肥、药剂、染料等的生产。同时，也因其强大的氢含量以及高的能量密度，它作为替代能源载体也受到广泛关注，以期促进低碳社会的发展。因此，"$N_2 + 3H_2 \rightleftharpoons 2NH_3$"被认为是"地球上最重要的化学反应"之一，它的发明者 F·哈伯和 C·博施也当之无愧地获得了诺贝尔化学奖，这个方法就是大名鼎鼎的"哈伯－博施"方法。

但是，要在工业生产中真正实现它，需要复杂的反应条件：不仅需要 500—

600℃的高温，还需要17—50MPa的高压（相当于每平方厘米承受10.332千克的重物）。据测算，"哈伯－博施"方法在实际工业生产中不仅消耗大量能源（占全球能源使用量的约2%），而且会消耗大量氢气。在目前主流的生产工艺中，化石燃料是氢气的主要来源，制备氢气过程会排放大量二氧化碳，而二氧化碳又是最主要的"温室气体"之一。

有没有更好的解决方案呢？当然有。电催化固氮技术可以实现常温常压下合成氨，具有能耗低、无二氧化碳排放的优势，近年来引起全球学者的广泛关注，被认为是最有前景的工业合成氨的技术之一。然而，电催化固氮技术要走向大规模工业应用，还必须克服另一个致命的弱点，那就是贵金属催化剂的昂贵成本。

"贵金属量少且价高，拿一点做实验没问题，但要投入工业化生产，成本太高，生产越多就亏本越多。"孙旭平教授指出。因此，他带领纳米催化与传感技术研究团队寻找性能更好的催化剂时，从一开始就瞄准了工业应用，力图兼顾降低催化剂的成本。他说，"我们既想做科学，也想做应用，我们希望有一天能够走出实验室，用既便宜又高效的方式解决人工固氮难题。"

但是，要发展高产氨速率和高法拉第效率的非贵金属固氮催化剂，仍是一个巨大的挑战。

锁定"碳化硼"材料：在二维材料中淘到"宝"

孙旭平教授长期从事功能纳米材料表界面设计与调控及其催化、分析传感应用研究，已在《自然通讯》等刊物发表研究论文400余篇，论文总引22300余次，H指数79。

从2013年到2017年底，孙旭平团队用了整整四年时间研究电解水，"把该解决的问题都解决了"，于是开始进军更有难度的"电催化固氮技术"研究。2018年4月加盟电子科技大学基础与前沿研究院之后，他继续在"电催化固氮技术"方面持续发力。

在尝试非金属催化剂之前，孙旭平带领团队按元素周期表，一个一个地排查各种可能的非金属元素，但性能都不是特别理想。

二维层状材料因其比表面积大，利于暴露更多的催化活性位点，近年来逐渐成为了催化剂研究的新宠。碳化硼作为一种导电性好、价格便宜的二维材料，自然而然地进入了孙旭平的视线。但是，此前还从未有人考察过它的催化效果。

"金属元素的催化效果比较好把握，但碳和硼都是非金属元素，它们的化合物碳化硼早在19世纪就作为金属硼化物研究的副产品被发现了，且被用作电池和燃料电池的电极材料或催化剂基底材料，这种材料能有效催化氮还原吗？"他说，"我们需要做一次大胆的尝试。"

在实验室里，他们利用超声波把碳化硼"像纸张一样一页一页地撕下来"，剥离成二维纳米片。通过反复实验和理论计算，他们首次发现，非金属电催化剂碳化硼纳米片可在常温常压下实现高效、高选择性（无副产物水合肼产生）的人工固氮合成氨。理论研究表明，硼是催化活性中心，也具有不俗的稳定性。

坚持 "大兵团" 作战： "分工合作推进合成氨产业化"

科学研究不仅要"知其然"，还要"知其所以然"。在这项研究中，孙旭平教授团队不仅让人们"重新认识"了碳化硼，还使用密度泛函理论计算研究了它的催化机理，为透彻揭示这种固氮"神器"提供了科学的理论解释。

为了识别碳化硼表面上 NRR 的活性位点和原子电催化过程，他们研究使用了 Perdew、Burke 和 Ernzerhof 的交换相关函数以及 Grimme（PBE－D）在 DFT 框架中的色散校正方法来模拟使用周期性板坯模型在碳化硼表面上进行相应的电催化反应。

计算表明，有两种主要吸附结构可用于碳化硼表面上的氮气吸附。在端接吸附结构中，只有一个端子氮原子与碳化硼表面上的硼原子键合；在侧面吸附结构中，两个末端氮原子分别与位于两个相邻硼簇上的两个垂直硼原子键合。

"很感谢北京师范大学崔刚龙教授和山东师范大学唐波教授，他们在计算和问题讨论方面为我们提供了大力支持！"孙旭平说，"越是复杂的研究，就越是需要团队之间的合作。"

从 2017 年底开始接触电催化固氮技术，到如今取得重要突破，孙旭平团队只用了半年的时间。对此，他很感谢自己的研究团队和科研搭档的倾情付出。"我们是一个化学研究军团！"他自豪地说，"别人做固氮电催化剂研究可能只有几个人，我们则是一支 40 人的、高效组织的团队。"

作为团队的领军人，孙旭平用五六年的时间，持续积累了 20 余万篇的文献，对相关领域有着全面而深刻的理解。同时，他运筹帷幄，与团队成员齐心协力，在小的方向上组成研究小组，不断地讨论、实验、交叉合作，快速有效地对新思路做出实验上的反馈，"行还是不行，很快就能见到结果！"

他也感谢团队成员的拼搏精神。他自信地说，"有这样一支能吃苦、能打仗的科研大军，即便我们不是最早做这项研究的，也许两三年后，我们就是最出色的研究者之一。"

目前，进一步的研究还在紧锣密鼓地进行中。在最近的研究中，该团队发现氟化镧（LaF_3）纳米片具有更高的活性，在 $-0.45V$（vs RHE）的产氨率和法拉第效率分别高达 55.9μg h $^{-1}$ mg $^{-1}$cat 和 16.0% 。

孙旭平表示，在未来的研究中，他们会继续聚焦电化学固氮研究前沿，将新材料开发与催化反应机理研究相结合，探索新型纳米复合电催化材料，在分子或原子级对其进行精确调控，创新理论和技术，力争发现新的物理化学规律，实现科学和技术上的源头创新。

个人简介:

孙旭平，男，1972 年 8 月生，博士，教授，博导，科睿唯安全球高被引科学家。2005 年获中国科学院长春应用化学研究所分析化学专业理学博士学位。长期致力于纳米功能材料设计、结构调控及催化和传感应用研究，目前主要围绕碳中和开展研究，重点聚焦于绿氢及绿氨电化学合成、汽车尾气及工业废水电化学脱硝等。其主要学术贡献包括：提出杂原子掺杂荧光碳点水热合成新方法；率先提出保形磷化策略制备过渡金属磷化物纳米结构及三维纳米阵列，解决了无表面活性剂金属磷化物可控制备的世界难题；发展过渡金属磷化物高效电解水催化新体系；开创无定形纳米阵列电化学保形制备及电催化应用新方向；建立高效电化学合成氨催化新体系。已在 Nat. Commun. 、J. Am. 等刊物发表研究论文 600 余篇，单篇引用大于 1000 次论文 4 篇、大于 200 次论文 63 篇、大于 100 次论文 158 篇，单篇最高引用 1860 次，论文总引 58 000 次，H 指数 125。

⊙ 脚踏成电实地　仰望量子星空

2020 年 3 月，基础与前沿研究院新闻网刊登了题为《周强：脚踏成电实地，仰望量子星空》的文章，对周强教授进行报道，全文如下。

"有时候我们可以从艺术的视角来看待和评价科技发展"，周强说道："如果把不同的科技领域比作一张张名画，那么量子信息领域就好比梵高笔下勾勒出的《星空》，可以把人类的信息技术发展到前所未有的高度。"

周强　教授

随机行走，　觅得量子新天地

"我感到特别幸运的是，从四岁开始一直生活在学校这样的环境里，得到了很多老师的帮助，并最终有幸进入量子信息的研究领域"，周强说道。从小时候天天贪玩被留在老师家中学习；到后来去县城住校念中学，总是第一个完成数学作业；再到省城进入电子科技大学读大学，研究生推免进入清华学习量子信息，博士后跨越重洋在加拿大卡尔加里大学深造，周强在读书这件事上倾注了三十年的光阴，用知识浇灌岁月、哺育成长。

"我是'选留师资生'，从 2006 年本科毕业推免到清华直接攻读博士学位起，我就开始了在电子科技大学的工作"，作为一名中共党员，周强说道，"我很感激学校十几年来的支持和培养，才有机会能够立足学校发展量子信息领域的机会"。事实上，周强从事量子信息的研究工作并非一帆风顺。

2008 年，周强在清华大学的实验室里开始量子信息的相关研究，历经硕博阶段的培养，回到母校后响应留学基金委"未来科学家计划"号召，前往卡尔加里大学深造。在海外深造期间，周强萌生过回国后改变研究方向的念头。

有幸的是，在他即将结束海外博士后工作的时候，电子科技大学大力投入量子信息领域的学科建设，回国之后他便作为郭光灿院士的科研助手，在学校率先开展信息与量子实验室的建设。实验室发展至今，团队已有中科院双聘院士 1 人、教授 3 人、四川省青年人才 1 人、博士后 4 人、在培学生 30 余名。

伯乐相识， 打造成电量子之队

生活中并不缺少美，而是缺少发现美的眼睛。科学也是一样，科技成果如繁星挂满夜空，想要欣赏科学之美就要深入理解科技之于人类的价值。电子科技大学作为我国信息科技领域排头兵，正在从信息科技的角度发现量子信息的美，并不断深入的理解和发掘量子信息的价值。量子信息技术是科技发展最前沿的阵地之一，在信息的获取、传递、处理、存储、应用等等环节都将颠覆现有的信息技术格局。"我希望这项技术在真正走进千家万户之前，就能够被人发现被人重视"，他说道，"这些年人们总在讨论'得互联网经济者得天下'，而量子信息将是全世界互联网经济的下一个引爆点"。

我国的量子信息技术经过几代人卧薪尝胆、艰苦耕耘，目前处于该领域的第一梯队，在长距离量子信息传递和应用方面更是一枝独秀。在学校的支持下，周强主持的国家重点研发青年科学家项目"光通信波段多频道量子通道的实验研究"，是在量子信息领域蕴含着重要价值的前沿研究。量子通道技术是实现量子（计算机）网络的基石，可实现量子信息基本单元——量子比特高保真、长距离、大容量的传递，这样就可以把量子计算机连接起来，为未来的量子互联网经济赋能；而他主持的另一项国家重大重点项目，将从器件基础的角度推动我国量子信息应用技术的飞跃。

不忘初心， 培育国家量子人才

在求知探索的过程中，周强始终对自然和未知抱有敬畏之情。他说道："科学技术的本质是从解释自然的过程中获得的力量。已知的自然是前人刻苦研究的果实，又称作知识，科研人员的工作就是用已有的果实充实自己，然后投身到探索未知的队伍中，获得新的果实以充实科技发展，如此以往。"

当问到年轻人应该如何开展科研时，周强通过爱因斯坦讲过的一段话来表达自己的观点，他重复道"如果给每个人 1 个小时来问一个决定未来的问题，并给出答案。爱因斯坦告诉人们应该将这 1 个小时的时间分为两部分，每个人应该先花 55 分钟来思考应该问一个什么样的问题，然后用剩下的 5 分钟来完美的回答这个问题"。而在谈到做研究的挑战时，他笑着说已经解决的挑战并算不得挑战，真正的挑战是如何找到并克服下一个新挑战，优秀的科研人员总是在不断的寻找新挑战，这些挑战蕴藏在无限的未知中。他鼓励年轻学子们应该坚持学习、扎实本领、敢于去未知的世界里寻找并应对新的挑战，向未知问成就。

2024 年 4 月 18 日，科技日报刊登了题为《氮化镓量子光源芯片问世》的文章，对周强教授团队最新研究成果进行报道，全文如下。

科技日报成都 4 月 18 日电（邓艾玲 实习记者刘侠）18 日，记者从电子科技大学信息与量子实验室获悉，该实验室研究团队与清华大学、中国科学院上海微系统与信息技术研究所合作，在国际上首次研制出氮化镓量子光源芯片。这是电子科技大学"银杏一号"城域量子互联网研究平台取得的又一项重要进展，相关成果近日发表在《物理评论快报》上。

据了解，量子光源芯片是量子互联网的核心器件，可以看作点亮"量子房间"的"量子灯泡"，能让互联网用户拥有进行量子信息交互的能力。

研究团队通过迭代电子束曝光和干法刻蚀工艺，攻克了高质量氮化镓晶体薄膜生长、波导侧壁与表面散射损耗等技术难题，在国际上首次将氮化镓材料应用于量子光源芯片。目前，量子光源芯片多使用氮化硅等材料进行研制，与之相比，氮化镓量子光源芯片输出波长范围从 25.6 纳米增加到 100 纳米，并可朝着单片集成发展。

"这意味着，'量子灯泡'可以点亮更多房间。"电子科技大学基础与前沿研究院教授、天府绛溪实验室量子互联网前沿研究中心主任周强解释道，更多波长资源能让更多用户采用不同波长接入量子互联网络。

不久前，该团队将光纤通信波段固态量子存储的容量提升至 1650 个模式数，打破了该领域的世界纪录。一系列的研究进展，将进一步为大容量、长距离、高保真量子互联网的建设提供关键器件。

个人简介：

周强，男，1984 年 10 月生，博士，教授，博导，国家级青年人才。2011 年获清华大学电子科学与技术专业工学博士学位。长期从事量子调控与量子信息领域的理论和实验研究，建成的"银杏一号"城域量子互联系统，是城域量子隐形传态最高速率的保持者，可与固态量子存储、光量子计算芯片互联，相关工作入选中国光学十大进展提名奖。研制出迄今性能最佳的量子光源、多模能力最强的固态量子存储器，与中国移动研究院合作开展量子纠缠光源的应用研究，相关工作得到科技日报等多家媒体报道。研制出国内首台量子光时域反射仪、提出并验证量子光纤光栅传感技术，与 HW 合作进行量子光时域反射仪的应用转化。主持国家重点研发青年科学家项目、四川省重点研发项目等 10 余项。在 Nature Photonics 等期刊和学术会议上发表论文 110 余篇、撰写英文专著章节 1 篇；申请发明专利 17 项、授权 14 项；美国光学学会会员，IEEE 学会会员。主持量子调控与量子信息领域的国家重大重点项目和企事业合作项目 10 余项。

⊙ 扎根量子前沿　践行科研育人

2023 年 9 月，电子科技大学新闻网刊登了题为《【在成电 创未来】邓光伟：扎根量子前沿，践行科研育人》的文章，对邓光伟教授进行报道，全文如下。

对大众而言，量子科技因其高深莫测往往令人望而却步，但基础与前沿研究院邓光伟已经在这里深耕了 13 年。从在实验室里面对单电子操控时一筹莫展的青涩学生，到成长为学校量子信息研究的中流砥柱，他秉持"一定要做没有人做过的事情"的信念，在量子计算与精密测量关键部件、精密测量应用推广等领域取得了多项重要成果，并以其对科研的热爱和执着，培育影响着一代新人。

邓光伟　教授

接过 "量子" 的火种

2007 年，金融和生物是最热门的两门专业，在填报大学志愿时，周围人纷纷建议邓光伟选择其一，但执着于对物理的热爱，他听从内心的声音，选择报考了中国科学技术大学的物理学专业。

来到中科大的邓光伟，迅速被校园浓厚的科研氛围感染，量子团队取得突破性进展、德高望重的院士走近本科生作的多场学术报告等，都让邓光伟对量子心生好奇喜爱，想深入这个领域一探究竟。

凭借个人的聪颖和勤奋，从中国科学技术大学博士毕业后，邓光伟就被评为副研究员，继续从事量子方面的研究。2017 年，女儿的诞生让邓光伟决定回到四川发展，恰逢 2016 年中国科学院郭光灿院士担任我校基础与前沿研究院双聘院士，负责我校量子信息研究中心的建设，在郭院士的举荐下，作为郭院士学生的邓光伟加入了基础与前沿研究院，并在学校的大力支持下与同事们一起建立了量子物理与工程实验室。

"学校给予了我们相对宽松的科研环境"，团队建立之初，学校并没有对邓光伟的科研进行条条框框的束缚，而是提供经费、平台等各项帮扶措施，制造与顶尖学者、院士交流的机会，让他不断获得成长，有了大展身手的机会，并先后获得了"校百人计划""四川省青年人才""国家级青年人才"等多项荣誉；并作为项目负责人，主持国家重点研发计划青年项目一项、国家自然科学基金项目三项和国家某重点项目子课题一项，还作为学术骨干参与科技部重点研发计划项目及国家科技创新2030重大项目。

"我喜欢自由探索科研世界的感觉，这恰恰是成电的科研团队能带给我的：在喜欢的量子科技领域，我感觉到自由探索的酣畅。"邓光伟始终保持着对科研的热爱，在自己热爱的量子领域里深耕不懈，硕果累累。

科研要敢于攀登无人之境

"科研很多时候是螺旋式的上升。"邓光伟阐述个人的科研观。"我2010年作为本科生进入实验室后的任务是跟师兄一起探索如何将半导体结构中的单电子与微波光子耦合起来，这是现在半导体量子计算大规模扩展的主要技术路线，但在那个时候全世界都没有人做过。回想起来，那几年确实是我科研生涯中最坎坷的一段时光。"谈起花费长达数年才终有成果的一项量子科研实验，邓光伟仍记忆犹新。

"我们自己设计和制备一种被称为'门控量子点'的微纳器件，然后通过电场、磁场、微波场等来实现量子点中单电子状态的读取和操控。单个电子像是受到召唤一样，前进、后退、跳跃，这在物理上是很有趣的，同时也很有用：利用单电子编码量子比特，实现量子计算。"在郭光灿院士团队郭国平教授小组做研究期间，他常常孜孜不倦地在实验室里操作仪器，一待就是一整天。

"那个时候我们小组才刚做出量子点的样品，超导微波腔还没人做过，因此师兄和我面临的第一个难题就是怎么设计量子点和超导微波腔的耦合结构并且把它做出来。最初的几个月，我和师兄每天早上八点到晚上11点都泡在实验室的样品加工间里不断尝试。"经历了长达一年时间的摸索，他们才成功制备了第一份合格的样品。这个时候，"该如何测量？"成为邓光伟和师兄遇到了第二个难题。

要知道当时在这一领域，邓光伟和师兄是最早"吃螃蟹"的人，没有"大牛"可以请教、网上没有相关资料可以查询，他们唯有选择坚持。

第一次失败，重来；第二次失败，再来；第十次失败……面对实验室连续不断的挫折和师兄的中途退出，邓光伟始终没有放弃，他不断总结复盘再重整旗鼓，始终坚信"一定能做出来"，"最后我们运气还不错，真把它做成了，我人生的第一篇论文就发在了物理学知名期刊的 PRL 上面。"轻快的语气揭示着这个实验的结局。

"躬行味始长"，从 2010 年作为本科生进入实验室到 2015 年论文发表，这段经历深刻地篆刻在邓光伟的脑海里，成为经时间洗刷依旧熠熠生辉的宝石，"这个实验或许在 2011 年时就应当做成了，但中间走了很多弯路。"他笑着说。科研的路往往是曲折的，所幸他们和'正解'殊途同归。

来到电子科技大学之后，经过和导师的讨论，邓光伟没有简单地将过去的研究方向照搬过来，而是结合成电在电子信息方面的显著优势，与学校信通、软件、电子、材料、自动化等学院建立了紧密联系，充分利用学校已有的资源，拓展原有的研究领域，形成了独特的研究方向：量子光力学及其在量子计算和量子精密测量领域的应用。

邓光伟专注于上述研究方向，带领课题组实现了宏观机械振子中声学量子态制备的实验突破。不同于众人所知的微观粒子量子力学，这项实验涉及的是将肉眼可见的宏观机械振子的振动模式冷却到量子基态，以及研究量子化光场与机械振子的相互作用。这些技术在量子计算和量子精密测量方面都可能具有重要的应用前景。一方面，利用声学量子结构作为中间媒介可以实现相干的频率转换，从而将固态量子比特与光量子网络连接起来。另一方面，利用光与力学振子相互作用，可以提升力学量的检测精度，逼近甚至突破标准量子极限，比如现在精度极高的引力波探测系统就是一个大型的光力学系统。课题组与学校信通、自动化等学院合作，正在开发基于光力学与量子光学技术相结合的精密测量技术，希望通过量子技术的赋能，提高加速度、陀螺、磁场、红外等方面的传感精度。

秉持"为国家的科技自立自强作出成电人应有的贡献"的信念，如今，邓光伟课题组将努力量子计算与精密测量方向开拓自己的蓝图，在量子计算关键器件及长程互联方面开辟特色研究方向，并利用量子比特、量子能级和量子相干性等量子特性来对经典的物理量做更精密的探测，为科技强国发展贡献自己的力量。

从零开始的实验室

"刚来的时候，实验室什么都没有，只是一个空房间。"谈起实验室建设之初，邓光伟回忆说常常是大清早到实验室，忙到晚上十一二点才回家，以至经常一个月都没机会见到年幼的孩子。

团队建设初期，老师们将心血交付给实验室，采买、装修、实验等，邓光伟和量子中心其他老师都亲力亲为。幸运的是，学校为青年学者提供了宽松的环境，不遗余力地支持实验室的建设，为量子团队的科研开展提供了创新的条件。

从建设初期荒凉的毛坯房，到如今窗明几净的实验室，团队不仅建设了实验室基础设备的硬环境，也随即紧锣密鼓地投入到了学校量子团队人员建设的进程中，发展至今，我校量子信息研究中心已经发展成了勠力同心、拥有师生近百人的大团队。

在这里，初来乍到者正接受邓光伟等老师手把手的教学，师兄弟互相帮助，用实际行动践行"言传身教"的理念；来自数学、物理、信通、电子等各个学院的同窗们聚在一起，分享研究进度，探讨科学论文，体味学科交叉的魅力；在邓光伟等老师的引导下，学生们各执己见、头脑风暴，团队积极思考、敢于质疑的氛围正酣……

走进实验团队的现场，往往能见到这样的场景。"希望同学们能成长为具有创新精神、创造能力的科研工作者，勇于用新思想、新方法解决老问题，敢于开拓无人之境，实现从'0'到'1'的突破。"邓光伟说。

源头活水在新人

"一个人从 A 点走到 B 点。假设 A 到 B 之间有三条路，如果是经典世界，人从 A 走到 B 一定是选择了其中的一条。但如果是量子世界，一个量子态从 A 到 B，它可能同时经过了这三条路。"

邓光伟拿起笔，在白纸上演示量子轨迹不确定性的例子，生动的授课方式，让同学们很快被引进"量子之门"。

"除了实验，我还是更喜欢跟学生们打交道，他们活跃的思想，往往会是灵感迸发的源泉。"在邓光伟心里，始终把教书育人视作重要的肩头之责，特别注重对学生独立思考能力的培养。

目前，邓光伟面向本科生开设了一门多元化教育课程——量子信息技术前沿，在课程教学过程中，邓光伟用通俗易懂的语言向同学们阐释晦涩难懂的理论，普及量子信息技术在前沿中的应用知识，以此来激发同学们对量子信息技术的兴趣。

个人简介：

邓光伟，男，1987 年 11 月生，博士，教授，博导，国家级青年人才，国家重点研发计划青年首席。2016 年获中国科学技术大学物理学专业理学博士学位，导师为郭光灿教授和郭国平教授。2016 年 7 月至 2018 年 1 月任中国科学技术大学副研究员，2018 年 2 月作为"校百人计划"入选者加入电子科技大学，现为基础与前沿研究院教授。近年来，瞄准国家量子信息领域的重大战略布局方向，主要从事量子计算与精密测量机理、器件、系统及应用方面的研究工作等。在半导体量子比特扩展架构、新型半导体量子器件调控机理、量子精密测量器件机理等方面做出了系列创新研究成果，在各类学术期刊发表论文 50 余篇，其中第一/通讯作者发表 *Nature Communications*、*Science Advances*、*PNAS*、*Physical Review Letters* 各 1 篇，*Nano Letters*、*Nanoscale* 2 篇。主持国家自然科学基金 3 项，主持国家重点研发计划青年项目 1 项；作为学术骨干参与科技部 2030 重大项目、科技部重点研发计划、中科院战略先导 B 等国家重大研究项目等。荣获"王大珩光学奖"，入选四川省青年人才，并受自然科学基金委邀请代表中国博士参加 2016 年诺贝尔奖获得者大会。担任 PIERS 等国际会议分会场组织者；担任 APS、IOP、npj 等系列刊物评审；担任 *Chinese Optics Letters* 青年编委，《激光技术》编委，《电子科技大学学报》量子信息专栏编委；担任国家自然科学基金、国家重点研发计划通信/会议评审人；美国光学学会会员，中国光学学会－光量子科学与技术专业委员会委员，中国计算机学会量子计算专家委员会常委。

⊙ 搞科研最重要的就是专注和自由

2019 年 10 月，基础与前沿研究院新闻网刊登了题为《【科研报国】岳秦：搞科研最重要的就是专注和自由》的文章，对岳秦教授进行报道，全文如下。

"世上无难事，科研也是这样"，岳秦说道，"它最考验一个人在娱乐生活极大丰富的今天能不能专心地去做好一件事"。正是专注，使得 2017 年刚加入电子科技大学的岳秦获得了校"优秀博士后"荣誉并入选校"百人计划"和四川省青年人才，成为基础与前沿研究院的特聘研究员。

岳秦　教授

两叩柴扉方获成电芳心

"其实我和成电也挺有渊源的，"岳秦笑着说道，"也算是'两顾茅庐'才走进了电子科技大学的大门。"

彼时刚刚从复旦大学博士毕业的岳秦准备回四川施展一番拳脚，把自己的目光投向了成都的 985、211 双一流入选高校——电子科技大学。初次拜访，岳秦就迅速种草了基础与前沿研究院，她说："我真的没有想到，相对来说比较偏僻的祖国西南，竟然有这样开放自由和国际高度接轨的学术体制。"可是由于基础院对于教师的遴选极为严格，那时的岳秦也刚刚毕业，并没有做好工作准备，最终还是铩羽而归。但仅此一面之缘，便在她的心里埋下了种子。

岳秦转而投身绵阳九院——中国工程物理研究院。"我还是更想回到高校，能够以科研兴趣为导向的自主的科研，在这一点上基础院满足了我的全部想象。"这让岳秦对基础院的自由学术氛围萌生了更多的期待和向往。

打定主意，岳秦便迅速联系了材料科学领域同为复旦校友的康毅进教授，希望能够入站进行博士后研究，并投递了"博士后创新人才支持计划"的申请材料。成功入选后，她说道："博士后的工作其实更考验独立开展科研工作的能力，'博新计划'不仅是对我个人能力的肯定，也提出了更高的要求和挑战。"

垦土拓荒 "催化" 科研活力

岳秦初到基础院的时候，研究院的实验室还没有装修完工，缺乏成体系的实验环境。可是材料化学来不得闭门造车，只要有了好的想法和点子就需要一系列的实验来验证和完善。

"基础院也处于一个逐步摸索发展的过程当中，我当时就想先靠自己动手去解决问题，实验环境以后肯定会跟上的"，岳秦说道。于是她自己买来通风橱，利用现有的实验设备，临时搭建起了简易实验室。雪上加霜的是，实验室还没有接通上下水，难以操作复杂的合成实验，只能进行简单的测试。纵使如此，在艰苦的实验环境中，岳秦依然保持了高度专注的科研态度、集中精力去攻克学术难题。

岳秦本来就对康毅进教授的研究方向非常感兴趣，二人又同是复旦校友，她将自己所擅长的介孔材料的构造合成和康毅进一直以来深耕的电催化领域相互交叉，结合软模板组装技术，来构筑具有高比表面积、高活性位点暴露、高稳定性的电极催化剂材料，大大提升了电催化反应的效率，未来能在燃料电池、超级电容器、新能源开发等领域发挥更大的作用。岳秦谈道，结合介孔材料的独特优势，通过学科交叉可以做很多事情，例如构建纳米多孔反应器探究限域空间下的界面化学反应及晶体生长过程，通过磁性复合，可以构建磁响应性多孔材料，用于光电显示、生物医药等领域。

像是一剂强心针，岳秦在介孔材料领域的研究为基础院的研究方向注入了新的活力，她表示非常愿意结合成电的优势学科，通过交叉合作，开展独具创新的研究工作，形成富有特色的研究体系。

扎根成电搭建跨国桥梁

博士后的培养深造，对于岳秦来说不仅是专注科研深耕领域的一个黄金时期，还大大提升了科研之外的团队领导能力。刚加入团队，她就承担起了实验室管理、实验室安全、研究生培养的团队任务。她笑着说道："康老师是我们团队的 boss，我就像是一个负责管事的小 boss，帮他守好实验室的大本营。"这样一来，学生们既有国内学习的基础，又有机会能够出国培养，构建起了国际化的培养模式，把基础院的建院理念落在了实处。

短短一年，岳秦不仅快速融入了基础院的科研团队，扎实的科研成果为岳秦带来优秀博士后的荣誉。她总结了自己的科研经历和未来的发展规划，递交了校"百人计划"的申请材料，通过校内外专家筛选、现场答辩的重重选拔，岳秦顺利入选并进而成为了基础院的特聘研究员。如愿扎根成电，岳秦有大把的事情要去忙，她希望能够进一步拓展自己的研究方向，让介孔材料发挥更有价值的应用。

从学生成为教师也变成了岳秦新的挑战，2018 年是她第一次招收研究生。"其实基础院的学生思维都非常活跃，和老师们的交流也非常自由。"岳秦说："希望我的学生能在这么开放的环境下培养自己的学术能力和独立思考能力，专心去将科研做深做透。"

个人简介：

岳秦，女，1989 年 10 月生，博士，教授，博导，国家级青年人才。2016 年获复旦大学无机化学专业理学博士学位。入选博士后创新人才支持计划、电子科技大学校百人计划。主要从事功能多孔纳米材料的设计合成及在吸附分离、储能及催化等方面的应用研究。在 Nat. Catal. 、J. Am. Chem. Soc. 、Angew. Chem. Int. Ed. 、Adv. Mater. 等国际刊发表 SCI 论文 70 余篇。申请国家发明专利 14 项，授权 8 项。担任 Nano Research、Chinese Chemical Letters 青年编委、Frontier in Chemistry 客座编辑。

⊙ "大变局" 和 "大先生"

"百年大计，教育为本。教育大计，教师为本。"教育一直是人民群众关心、社会关注的重点话题，教育也是加速国家发展、实现民族复兴的重要一环。

我在清华大学学习了九年，之后赴美做了两年博士后研究，一直以来的目标都是回国在高校任教。终于在2021年回到祖国，成为电子科技大学的一名老师。这样身份的转变也促使我不断思考未来在工作岗位上如何当好一名老师、如何充分发挥老师在教育当中的作用、如何不断提升自己与学生共成长，从而为祖国输送可担大任的时代新人。

彭翔杰　教授

"大变局"

习近平总书记强调"党和国家事业发展对高等教育的需要，对科学知识和优秀人才的需要，比以往任何时候都更为迫切"。为何比以往任何时候都更为迫切？我的理解是目前正值"中华民族伟大复兴战略的关键时期"，同时我们正面临"世界百年未有之大变局"，处在这样的历史时期下，教育事业需要为国家和民族应对大变局中的机遇和挑战输送相应的人才。

首先需要明确的是，为什么此时正处"世界百年未有之大变局"。新一轮科技革命和产业变革驱动经济重心转移，从人工智能、大数据到生物技术、量子科技等，新兴经济体在其中正发挥着越来越重要的作用。以史为鉴，历史上的重要变革及其对后世造成的深远影响均表明，在这样一个风云变幻的历史时期，我们一定要牢记初心、不忘使命，站在全局的战略高度上看待问题、研究问题。

为了应对这样的"大变局"带来的机遇与挑战，我国势必需要培养更具家国情怀、更具思想高度、更具国际视野的一流人才。尽管我国在过去的几十年发展过程中取得了举世瞩目的成就，但我们在很多方面仍需更大的进步。这要求我们自力更生，在各个领域，尤其是国家关键的科学技术领域取得原创性的突破，从而为在

"大变局"中把握战略机遇、谋求进一步发展提供强劲的推动力。除了科学技术壁垒，我们也不能忽视理论创新、文化创新、制度创新，从而为实现第二个百年奋斗目标筑牢理想信念根基。这就要求我们高校教师除了在专业素质方面，更要在思想建设上做好准备，成为"大变局"中的中流砥柱；这就要求我们不仅能定义、解决大变局下的"真问题"，也要成为立德树人的"大先生"。

"大先生"

习近平总书记强调"教师要成为大先生，做学生为学、为事、为人的示范，促进学生成长为全面发展的人"。"先生"在汉语中的一个意思是老师，正所谓"达者为先，师者之意"。为何要强调成为"大"先生呢？我的理解是"大"先生和先生的主要区别在于：教师不能只做传授知识的教书匠，更要塑造学生的品格、品行、品位。后三者毫无疑问是与思想有关。"大先生"要求我们高校教师要更重视对学生思想品德的教育。这点也是很容易理解的，前面说到"大变局"中我们面临的挑战不仅来自经济、科技等"硬"的方面，也来自思想、文化等"软"的方面。教出来的学生思想品质有问题的话，即使他/她专业能力突出、业务水平高，也无法保证学生能把这些能力用在合适的地方、用在国家、民族所需的地方。因此，立德树人是高校教师培养学生的核心目标。

要想成为"大先生"，要想培养能担大任的人才，我们教师自身首先得符合几个标准：有理想信念、有道德情操、有扎实学识、有仁爱之心。道德情操和扎实学识是以往强调得比较多的。作为教师我们要以身作则，时刻牢记教师行为准则、规范自身行为、提升道德修养，同时也要不断学习、夯实基础，做好"传道、授业、解惑"。下面重点谈谈对第一点和最后一点的理解。

理想信念在于心中要有国家和民族。在传播科学知识的过程中我们经常引用法国科学家巴斯德的一句话"科学无国界"，却经常忽视了这句话其实还有后半部分"但科学家有自己的祖国"。好的科学家必须是爱国者。我们所做的科研，我们所教育的人才，必须要能服务国家、服务人民的需求。我国古代早有"修身、齐家、治国、平天下"的说法，顺序值得一提。先"治国"，后"平天下"。放到今天，就是先服务国家和民族最需要的，后考虑这是不是对全人类有意义。中国的高校教师，就是要时刻把国家和民族放在自己心里，也要教育学生时刻把国家和民族放在自己心里，优先做对国家对民族有益的事情。

仁爱之心在于尊重学生、理解学生、关怀学生，能够站在学生的角度思考问题，能够和学生共情。相信学生能够成才、发掘学生的长处、欣赏学生的优点，这是尊重学生；与学生对话、与学生沟通、倾听学生的需求、分享自己的感受，这是理解学生；宽容对待学生犯的错误、耐心分析学生的不足、严格规范学生为人为学，这是关怀学生。当老师需要有这样的仁爱之心，才能充分发挥教育的效果，最终使得学生能够实现自我教育、自我完善、自我成长。只有充分尊重学生、理解学生、关怀学生，使学生体会到教师的仁爱之心，才能使学生发自内心地尊师重教，实现从教师到先生的升华。

结 语

理解"大变局"，成为"大先生"，这是我学习习近平总书记关于师德师风重要论述的基本认识。如何在"大变局"中把握机遇、迎接挑战，如何学习榜样、提升自我，成为"大先生"，可以在党史学习中寻找借鉴、寻找答案，百年党史长河中丰富的事件、涌现的人物足以成为我们的一面面镜子。最后以校训"求实求真、大气大为"勉励自己：求实求真，做真问题；大气大为，成大先生。

个人简介：

彭翃杰，男，1991 年 7 月生，博士，教授，博导，国家级青年人才，科睿唯安全球高被引科学家（2019、2020）。2018 年获清华大学化学工程与技术专业工学博士学位。主要从事新型二次电池材料和器件相关的能源化学研究，取得系列重要研究成果，在 *Nat. Commun.*、*J. Am. Chem. Soc.*、*Angew. Chem. Int. Ed.*、*Adv. Mater.* 等国际期刊上发表 SCI 论文 100 余篇，其中 ESI 高被引论文 38 篇，总被引 20000 余次，H 因子 67。曾获得科睿唯安全球高被引科学家（2019～2023）、教育部自然科学一等奖（2019、排三）、颗粒学会自然科学一等奖（2022、排三）、四川省青年人才（2021）等荣誉。现任 *Chinese Chemical Letters* 副主编。

⊙ 立德树人
——争当培育时代新人的 "大先生"

2022 年 4 月 25 日，习近平总书记在考察调研中国人民大学时的重要讲话精神中提到"培养社会主义建设者和接班人，迫切需要我们的教师既精通专业知识、做好'经师'，又涵养德行、成为'人师'，努力做精于'传道授业解惑'的'经师'和'人师'的统一者"。作为新时期的高校青年教师，深知培育时代新人的责任和重要性，努力将教书育人与自我修养相结合，并将坚持以德立身、以德立学、以德施教，努力成为学生为学、为事、为人的示范，争当能促进学生全面发展的"大先生"。

黄明 教授

《师说》有云："古之学者必有师。师者，所以传道授业解惑也。人非生而知之者，孰能无惑？道之所存，师之所存也。"古往今来的知名学者或者行业精英大多是拜师学之，通过老师或者师傅的引导和培养，加上反复实践和自我感悟，而后精进成长为专家能手和行业翘楚。"师者，传道授业解惑"精辟地概括了为师之道，我们可以从三个方面来理解为师的责任与意义：1. 传道。作为老师，我们要向学生们传授道理，并根据学生特点指引人生方向。一些大学新生在脱离了父母老师的陪伴式学习之后会迷茫无助、混沌度日，那是因为他们没能自己理清明确的人生方向，不能知晓并理解人生的真正意义何在。所以作为高校里面的"引路人"，新时期的青年教师需要担得起传播思想、传播真理，塑造灵魂、塑造生命、塑造新人的时代重任。2. 授业。高校教师的职责所在，向学生们传授学业和专业知识，并引导学生自主式学习。在向学生们传授知识方面，青年教师要向有经验的老教师和前辈们多请教，善于举例说明和实证分析，能够让学生们知其然并知其所以然。要让学生能够基于兴趣，在茫茫学海之中有所取舍，立志为学，勤于思考，善于实践。3. 解惑。师者，授人以鱼，不如授人以渔。我们不仅要为学生们解答疑难，更要引导学生们发现解决问题的方法。尤其在指引高校大学生和研究生的专业知识方面，要让他们能够领悟解决问题的方法，并能够举一反三，做到融会贯通，使学生追求升华境界。

《中庸》中谈到"尊德行而道学问"。人无德不立，育人的根本在于立德。当代大学生只有不断锤炼品德修为、打牢道德根基，才能在人生道路上走得更正、走得更远，才能担当民族复兴重任。立志于培养时代新人，作为青年教师更要把握好淬炼大学生道德品质的三个方面。一是要引导大学生形成正确的道德认知，掌握社会道德规范，树立正确的善恶观念，提高道德判断能力。二是引导大学生坚持自觉的道德养成，将社会主义道德规范内化为自身道德心理结构，形成稳定的道德品质，养成良好的行为习惯。三是引导大学生开展积极的道德实践，积极弘扬中华民族传统美德和红色文化中的优良道德，并在道德实践中提高道德修养。

习近平总书记强调："对教师来说，想把学生培养成什么样的人，自己首先就应该成为什么样的人。"作为新时代教师，我们更要注重自身学识水平和人格修养，以学术造诣开启学生智慧，以人格魅力呵护学生心灵。培养社会主义时代新人，我们要努力集"经师"与"人师"于己身，立志成为"大先生"，把自己的温暖和情感倾注到学生身上，让学生健康成长的同时也能有人生出彩的机会。同时要深刻把握学生成长规律，善于因材施教，针对每个学生的特点，真诚、耐心、热情地开展指导，真真切切地把三尺讲台当作自己建功立业的舞台。

个人简介：

黄明，男，1990 年 1 月生，博士，教授，博导，国家级青年人才，中国材料研究学会高级会员，中国化学会会员。2018 年获韩国蔚山国立科学技术研究院材料科学与工程专业哲学博士学位。目前主要从事的研究方向为：（i）单晶金属基底制备及大面积高品质石墨烯薄膜的生长；（ii）多孔石墨烯基高性能催化剂在 CO_2 催化转化等领域的应用研究。目前在 *Nature*、*Science*、*Nature Nanotechnology*、*Accounts of Chemical Research*、*Matter*、*ACS Nano* 等国际权威期刊发表论文 80 余篇，其中 8 篇入选 ESI 高被引论文，论文总被引次数 7500 余次，H 因子为 49。担任 *Exploration* 的学术编辑，*SusMat*、*eScience*、*Nano Materials Science* 等国际期刊的青年编委，荣获 2014 年度重庆市优秀毕业生，2014 - 2017 年度韩国蔚山国立科学技术院 Nine Bridge & Star Fellowship，2018 年度国家优秀自费留学生奖学金，SusMat 杰出青年编委，2022 年度韩国 100 项最佳研究发明奖，2023 年度 eScience Young Scientists Award。受邀担任 *Nature Communications*、*Advanced Materials*、*Angew. Chem. Int. Ed.*、*JACS*、*ACS Nano* 等国际著名期刊审稿人。

⊙ 我的 "师说"

教师是立教之本，兴教之源。

教师要时刻铭记教书育人的使命，甘当人梯，甘当铺路石。

教师的工作是塑造灵魂、塑造生命、塑造人的工作。

好老师要有"捧着一颗心来，不带半根草去"的奉献精神。

教师要成为塑造学生品格、品行、品位的"大先生"。

教师要自觉做中国特色社会主义的坚定信仰者和忠实实践者。

潘亮　教授

这些都是习近平总书记对当下老师的要求，对老师的嘱托，对老师的殷切期盼。"老师是辛苦的"，这是曾经作为小学生的我对老师的印象。没想到三十年后，我成为一名老师，而且是电子科技大学的老师。我认为当下的老师应当以"师德"为核心、以"师风"为准绳去引导学生、培养学生。

"为人师表""以身作则""躬行实践"等，是历代教育家提出的师德规范。如今，师德最直接的表现是师爱，即对学生的爱，对学生的无私奉献、不计得失的爱。师德就在一言一行中，师德就在举手投足中，师德就在学习交流中。我们应该明确自己的职责，从严要求自己、从小事做起，树立良好的师德观念，让师爱在学生心中闪光。

教师要慎言、慎行、严于律己，应诚信、守信。与学生相处应当坦诚相见，老师会什么、不会什么，老师能做什么、不能做什么，都应该清楚地让学生知道。不要为了维护师道尊严而去欺骗信任你的孩子，否则很可能你永远失去孩子对你的信任。比如在跟学生开会的时候，我通常会明确学生在这段时间的努力，肯定他们取得的结果，哪怕这个结果是失败的结果。然后再讲明白哪里需要改进、哪个研究是值得深入、哪些地方需要放弃。这样才能赢得学生的尊重，切记不要一味地去责怪学生，给学生试错的机会，给予他们成长的机会。

学生们都喜爱知识渊博、才智过人的教师。在这个知识经济迅猛发展的时代，教师如果不及时学习新知识，为自己的头脑充电，那就很难与时俱进。教师唯有不断学习，不断进步，才能不被时代所抛弃。因此，我时常关注高端期刊的论文，然后把领域内的新研究、新方法以及新理论传授给研究生们，让他们去体会高水平文章是怎么发出来的，高水平作者是怎么开展研究工作的。

师德也是认真对待工作的前提，没有良好的师德，就不会对事业有责任心，就不可能对工作兢兢业业。只有视教书育人为自己的神圣职责，才能有端正的工作态度，饱满的工作热情，吃苦耐劳的工作精神。

以上是我对老师的一些体会。我自己要从以上各个方面努力。坚持不断地学习、使自己能在不断更新的知识中汲取营养，能够把自己所学奉献给学生，更应在道德和作风方面给学生以积极的影响。

个人简介：

潘亮，男，1986 年 12 月生，博士，教授，博导，国家级青年人才。2016 年获中国科学院大学中国科学院宁波材料技术与工程研究所材料物理与化学专业工学博士学位。主要从事柔性电子器件性能的优化及提高，针对柔性传感器存在信号失真、易受干扰及抗疲劳性差等问题开展工作，研究方向为：1）从理论角度，为柔性电子实现精准无衰减的信号探测提供扎实可靠的理论支持；2）从分子角度，设计高灵敏抗干扰柔性传感元件，实现人体运动健康的准确探测；3）从系统角度，设计可穿戴的柔性电子传感设备，实现虚拟与现实的精准互动。至今，共发表 SCI 论文 36 篇，SCI 他引 1689（h-index=28）。以第一（共一）作者在 *Nat. Commun.*（2 篇），*Sci. Adv.*、*Adv. Mater.* 等国际知名期刊发表多篇研究论文，其中 1 篇为内封面文章，1 篇为 *ACS Editors' Choice Article*。相关工作被世界三大顶级通讯社之一法新社（AFP）以 "Translation tools, airpurifiers: face masks go high-tech" 为题进行采访报道。

⊙ 脚踏实地为国家育人才

　　法国哲学家爱尔维修曾说过："教育对于天才、对于个人的性格和民族的性格有着意想不到的影响。"当今正是社会向智能数字时代转型之际，巨量网络信息无孔不入地翻涌而来，而我们的学生，正处于人生"拔节孕穗期"，极容易被大量的网络信息误导，容易浮躁以及好高骛远。作为 2023 年度电子科技大学新进教师的我，深感培育学生的责任重大；作为年轻老师，更需要笃行脚踏实地之风，做好学生的榜样，为国家民族培养踏实且实干型的高科技人才。

　　反思许久后，我对自己提出了以下三点基本要求。

　　首先，要对学生有仁爱之心。我们将要面对的学生在性格、做事节奏、与人相处等方面极有可能迥然不同，如何去了解、接受他们的不一样，可能需要无数次的交流与磨合，由此会耗费大量的心力与时间。如果对学生没有抱有厚爱仁慈之心，我想这一次次的交流与磨合是很难坚持下去的。年轻老师或许没有任何教育学生的经验，但我们可以把学生当成自己的小孩来教育。因为我深深地知道，正是父母将各种无私的爱与关怀给了我，才让我有广阔的自由空间成长、试错并汲取知识。我们将要培育的学生与我们当年刚进大学那会一样，价值观尚未定型，容易受到形形色色的价值观念的影响和冲击，作为老师，我们尤其

蒙翠玲　教授

需要多多观察、悉心指导和价值引领，以爱育人，使学生"亲其师""信其道"，让每一个学生都有学习成长的被认同感和幸福感。

　　其次，要认真学习、夯实自己的知识储备。从大学本科到博士后求学期间，我汲取的知识都是非常有针对性，都是服务于自己的好奇心与工作硬需，而如今面对众多的学生，每个学生提出的学科疑惑、感兴趣的科技竞赛或者研究的课题方向各不相同，并且网络时代里，各种新知识、新情况、新事物层出不穷，学生接受知识的渠道更加多元。作为年轻老师，我们更需要快速进入高效率的学习通道，夯实自己的知识体系，为学生成长成才源源不断提供知识活水。习近平总书记指出："过

去讲，要给学生一碗水，教师要有一桶水，现在看，这个要求已经不够了，应该是要有一潭水。"踏入新职业，我们年轻老师更应该珍惜自己已有的知识体系，去进一步汲取知识，完善认知体系，在此基础上培养更出色的学生，勇攀科学高峰，带领学生在所属领域勇闯创新"无人区"，做出实实在在的创新研究，以高质量科学研究助力高水平科技自立自强。

最后，要以高远的眼光来培养踏实的学生。学生从大学本科到研究生甚至博士后需要历经几次极其重要的人生转折点，而每一次人生转折点上所做的决定对学生的一生都至关重要。作为授课老师或者学生导师，我们则需要站在更高的角度来给学生建议与指导。例如，年轻的学生们可能还未认识到机械智能化正以前所未有的方式和速度展开，国家未来 10 年的发展需要的是能解决国家关键问题的高科技人才。作为年轻老师，我们应该鼓励更多本科毕业生继续深造读博，走出国门去多学习多看看，为国家的长远发展做好人生规划与准备。此外，作为一名教授，我也即将要带领课题组学生，如何做出创新性研究的同时还能服务国家，也非常需要我们老师有高远的眼光：正确立足于国家发展需求，准确把握世界和中国发展大势，正确认识时代责任和历史使命，树立世界眼光，善于借鉴吸收人类一切优秀成果，循循善诱引导学生成为富有家国情怀、全球视野、创新能力的高素质科技人才。

希望以此自勉，踏踏实实、鞠躬尽瘁为成电、为国家培育时代英才。

个人简介：

蒙翠玲，女，1989 年 12 月生，博士，教授，博导，国家级青年人才。液晶拓扑光子学课题组负责人，主要从事可重构软光子超结构研究。2020 年获香港科技大学电子与计算机工程专业哲学博士学位。近年来，利用液晶分子在非接触式光响应配向的优势，在软光子晶体设计与光孤子智能调控等方面取得系列重要研究成果。以第一作者（含共同一作）或通讯作者在包括 *Nat. Mater.*、*Nano Energy*、*ACS Nano*、*Adv. Opt. Mater.* 等国际一流学术期刊发表论文 8 篇。多次获液晶光子学相关国际会议的"最佳论文奖"和"最佳海报奖"，持有美国/中国专利 8 项。2023 年荣获显示领域全球规模最大的 SID 大会"青年领袖"奖（全球仅 8 人），并受邀作会议报告。担任 SID 学会未来之星委员，以及 *OSA*、*AIP*、*ACS* 和 *Cell Press* 旗下 8 个权威期刊审稿人。

⊙ 榜样的力量

　　2020 年 12 月，基础与前沿研究院新闻网刊登了题为《夏娟：榜样的力量》的文章，对夏娟研究员进行报道，全文如下。

夏娟　研究员

　　夏娟，电子科技大学"百人计划"入选者，特聘研究员，博士生导师。本科毕业于四川大学，博士毕业于南洋理工大学，获得 2017 年度中国优秀自费留学生奖、2018 年度南洋理工大学女科学家奖、2019 年入选福布斯中国 30 岁以下精英榜。

　　4 岁上小学，到 24 岁获得博士学位，很多人都说我的人生顺利到匪夷所思，但只有我的家人和些许挚友知道这其中的千回百转。幸运的是，即使曾身处黑暗崎岖的道路，这一路来的"榜样的力量"，像极了夜空中最亮的星，指引我一步步走向接近梦想的地方。

　　我人生的第一位老师，肯定是我的父母了。爷爷奶奶是农村人，我的父母自然没有像他们同学、朋友那样好的家庭条件。犹记得母亲经常跟我回忆，她跟父亲结婚的时候，分得的一小间屋子里除了一张床和衣柜，什么都没有。尽管如此，他们不甘于当下的生活，受了些许教育的他们，不愿意跟其他兄弟姐妹一样守在农村，一辈子面朝黄土背朝天。于是他们俩成了村子里第一批"离家出走"的人，在城市里从零开始了他们异常辛苦的人生。

　　我出生刚一个月，就被父母背着随他们去各个地方谈生意。他们把我放在一旁的背篓里，没人管的我摇晃着一头栽倒在堆放建材的地上，脸上留下一道疤痕，成为了父母辛勤的印记。我四岁就被父母送去上小学，原因是小学老师是父母的朋友，可以帮忙照看我，他们实在太忙没有时间管我，况且小学的学费比幼稚园便宜。依稀记得，我的第一篇被老师在课堂上表扬且宣读的考试作文，就是写父亲带着我上班的写实性记叙文，那之后我便找到了最适合自己的写作文体，也就养成了时刻用文字记录父母点滴生活的习惯。

直到现在母亲无意间谈起这些都会啜泣、懊悔，觉得没有给我像其他小孩子那样多彩的童年、让我一个女孩子家脸上多了条不好看的疤痕。我的一些朋友也建议我去医院做祛疤手术，但我跟他们的想法不一样，因为我会觉得这无疑是让我铭记父母的勤恳与付出，让我在想要懒惰的时候提醒自己抖擞精神，让我有机会跟自己未来的孩子讲他们的先辈有多努力才搏来今天的生活。他们没有优渥的家庭背景，但一辈子努力工作让子女的生活无忧；他们没有高学历，但比我还懂得敬重我的老师；他们可能都不知道怎样"立德树人"，但以身作则把勤恳和原则奉行一生。

由于年纪太小，班上排名一直倒数一二名的我，糊里糊涂考了个最差班的最后一名，然后侥幸进了初中。犹然记得当时初中班主任林老师说："你的孩子太小了（实则为成绩太差了），可以再读个六年级"的时候，我母亲涨红的双颊，小声回答到："没事，这孩子自尊心强，不愿意留级，您就让她先读，读不走我们再想办法。"这是我用无休止的哭闹央求母亲换来的，她当然知道我不愿意被同学们嘲笑，才扭捏着帮我向老师争取。不知道当时的林老师是看到我母亲的诚恳还是我的坚定，居然很意外地收下了我。但刚入学的我仍然因为内向和成绩差成为班里最不起眼的学生，本以为初中会像小学一样将倒数"传承"下去，但是林老师的敏锐与坚定改变了我学习生涯的命运。

当时一学期下来，我的总成绩虽然在班上垫底，但英语却考了班里的最高分，这让林老师觉得很奇怪，她便询问了英语老师我平常的测验成绩，得到的结果当然也是排名靠前。她会刻意地在课间找我谈心，了解到我父母忙到不怎么能照顾我，家在学校的她经常放学让我去坐一会儿；为了让我对数学产生学习的动力，她会在我的习题本上特别标注鼓励的话；为了锻炼我的胆量，她经常点名让我在她的课上回答问题。这些在她看来简单而平凡的举动，却给我从那以后的人生造成了巨大的影响。她给了我父母都不曾给予的培养和期望，让我想要主动去努力学习不辜负她的期许；她让我知道我不是笨而是年龄太小，需要被耐心地引导着学习；她让我发现自己一旦对课程感兴趣，竟可以学得那么快那么好。林老师对我初中三年的教育和陪伴，是我学习生涯以及人生的转折点。我能回馈给她的除了当年中考时的年级第一（后经林老师补充，是学区第一），还需要用一生去传承她对学生的这份敏锐与坚定。

从那个时候开始，我的梦想就是当一名老师，当一名像她一样的老师。

当然，在这之后我的人生中还遇到过很多优秀的老师，有放学后被我的各种奇怪问题缠到加班的物理老师，有能够一起逛吃相处如姐妹般的生物老师，有为了纠正我的学习态度而亲手为我写长篇"批斗信"的化学老师，还有妻子从怀孕到生产都忙到没时间去陪护的辅导员老师，等等。他们都在我人生观和价值观逐渐形成的阶段，栽培灌溉，悉心呵护，陪伴成长，真正做到了"教书育人，立德树人"。

带着想要成为老师的梦想，我就这样一直读到了博士。读博的刚开始阶段，作为还没有找到科研方法的小后浪，尽管有导师和前辈们的指导，但仍然被跨专业的理论和实验虐得几近崩溃。那时候读博刚满一年，经过自己所谓的"深思熟虑"，终于鼓起勇气去找导师聊，提到了退学。只记得当时导师什么也没多问，只是简单答应，"可以，你先回去，冷静考虑一个星期，如果一个星期后还是今天的想法，我同意你退学，并帮你跟学校申请硕士学位"。一个星期之后，我并没退学，冷静之后我决定坚持。

第二次提出退学是两年之后，因为身体等多种原因。面对我的第二次提出退学，导师并没有生气或者放弃，当时仍然对我说了那句话，并且多加了一句，"你回国休养多长时间再回来都没关系，只要你想继续或者重新开始，随时都可以"。后面从师兄师姐那里才了解到，导师这些看似不关心的做法，其实是在告诉我，无论我所处的境遇如何，他都不会引导我做任何事，或者左右我的任何决定。因为在他的眼里，我们虽然是他的学生，但同样也是一个成年人，是成年人就应该要对自己冷静下来的决定负责任。所以，导师的耐心与智慧让我更加明白了在成年人的世界里，没有容易的事情、没有轻易的决定、更没有不负责任的行为。

在刚开始的职业生涯中，我也遇到了一个给我很大震撼的老师，他身上所具有的一切品质，都是我想要努力成为的样子。例如，坚持每天下午锻炼一小时，让我看到了他的自律；每次对食堂阿姨和校车司机说"谢谢"，让我看到了他的修养；对学生像对自己孩子一样的关心和照顾，让我看到了他的善良；为了他人的事情东奔西跑到废寝忘食，让我看到了他的无私；在学生面前时刻以身作则，让我看到了他的真实；为了跟学生们见面讨论从医院偷跑出来，让我看到了他的奉献；时常给我们这种"职业小白"最暖心的建议和鼓励，让我看到了他的友善。他是我的合作者，团队领路人，是我职业生涯中的第一位"老师"，更是我未来人生中的榜样。他骨子里的自律和修养着实让我敬畏，让我对自己所从事的这份职业满怀敬畏。

我很荣幸，在实现自己的梦想之路上，成为一名电子科技大学的老师。进校报到的那天早上，母亲发消息给我，"女儿，你当老师了，爸妈觉得很光荣，以后一定要当一个好老师"。读完母亲的留言，我热泪盈眶，突然很想亲吻脚下的这片土地。当天，我在朋友圈里写道，"路漫漫其修远兮，吾将上下而求索。未来，要努力成为一名受学生敬爱的老师，不辜负学校的信任和家人的寄托，满怀期待"。是的，因为一路以来的榜样给了我对未来满怀期待的力量。在此，借用课题组集体观看过的《无问西东》这部电影来总结这篇文章——为师者，善良为心，奉献为本，传承为志。

"榜样的力量"让我成为一名青年教师，希望未来我也能成为学生们选择这个职业的力量。有幸，在职业生涯的伊始，能够提笔写下这篇文章，希望给人生留下一些深深的烙印，勉励自己为成为一名"好老师"而奋斗一生。

不知不觉竟啰嗦到这里了，回忆了截至目前自己人生中最重要的人和最难忘的经历，有些没来得及提但都放在心里的人和事，我相信会出现在后续的文字里。最后，如幸得一人读后有所共鸣，已是这篇文章最大的价值。

个人简介：

夏娟，女，1994 年 10 月生，博士，研究员，博导，四川省青年人才。2018 年获新加坡南洋理工大学凝聚态物理专业哲学博士学位。长期从事实验凝聚态物理方向的研究，尤其是利用高压等各类实验手段对二维半导体材料及其异质结的物理特性进行调控。目前在 *Nature*、*Nature Physics*、*Nano Letters*、*ACS Nano* 等国际期刊上发表文章近 30 余篇。担任 *Chinese Physics Letters*、《物理学报》、《物理》和 *Chinese Physics B* 的青年编委会成员，四川省物理学会高压物理专业委员会副主任。入选国家"高层次留学人才回国资助计划"、中国十大新锐科技人物、福布斯中国 30 岁以下精英榜等。

⊙ 路漫漫其修远　吾将上下求索

基础院始终坚持"四个面向"，不断向科学技术广度和深度进军，培育出了一批深耕基础研究，在各自研究领域做出创新性突破的优秀博士后。2019 年 10 月，基础与前沿研究院新闻网刊登了题为《路漫漫其修远，吾将上下求索》的文章，对外籍博士后 Vazquez Besteiro Lucas 进行报道，全文如下。

初入基础院——这对我来说将是一次难逢的机遇

请问你当初为什么选择加入电子科大基础院王志明教授团队做博士后呢？

Why did you choose to be a post doctor in Prof. Wang Zhiming's team at IFFS？

Vazquez Besteiro Lucas

王志明教授团队在国内外有着非常广泛的研究合作基础，加入他的团队，我有机会将过去的纳米光子学理论研究经验同纳米技术应用试验及实证研究有效结合，推动太阳能可持续技术领域的发展。

I was attracted by the breadth of research initiatives tackled by Prof. Wang's group, both internally and also in collaborations around the globe. Particularly, I saw it as a great opportunity to connect my experience in theoretical nanophotonics with experimental and practical research in nanotechnology for applications relevant to our life, perhaps most importantly in the advancement of sustainable technologies to harvest solar energy.

可否简单介绍一下你的博士后研究内容？类似的研究在日常生活中有哪些应用？

Would you please introduce your research field and their applications in our daily life？

我主要研究纳米尺度下物质的构造行为，特别是相关物质与光的相互作用变化。过去几年，我一直专注于等离子体物理学领域的材料研究，特别是金属材料。通过控制材料形貌，我们可以调节并增强其与可见光和红外光的相互作用。这项研究在技术应用方面非常有趣，它能敏化其他材料和器件，提升材料利用光能的效率并用于如太阳能转换（如产生电能或合成燃料）等技术，该技术还能提高分子探测技术的灵敏度，或用于医学领域的靶向光热治疗。等离子体技术还可应用于其他领域，如制造具有独特光学效应的超薄器件。此类技术的共同点在于等离子体结构可以在纳米尺度进行光的相互作用和调控。

I study the behavior of matter when we use it to create structures in the nanometer scale, particularly relating to how that changes its interaction with light. In the last years I have been focusing on the field of plasmonics, which deals with materials, typically metals, that interact very strongly with visible and infrared light in a manner that we can control through shaping their geometry. One reason why they are interesting in terms of technological application is that they can sensitize other materials and devices, increasing their efficiency in extracting energy from light for purposes such as solar energy conversion (generating electricity or synthesizing fuels, for instance), improving the sensitivity of techniques for molecular detection, or allowing targeted photothermal treatments for medical purposes. There are other families of applications for plasmonic systems, like creating ultrathin devices with exotic optical effects, but all these have in common that plasmonic structures give us the capability to interact with and manipulate light in the nanoscale.

他乡遇知音——我认为自己很幸运

你在博士后工作开展期间，有没有遇到什么困难，都是如何化解的？

Have you encountered any problems in your research work and how did you go through the tough time?

科学研究是一项极具挑战的工作，它需要奉献精神，并愿意投入大量时间解决科学和技术难题。尤其是开始，从为获取学位的结构化学习过渡到特定领域的最新技术研究，走出的第一步是很困难的。但是，只要有热情，有毅力，再辅以好导师指导，就能顺利渡过这一阶段。

Well, research is certainly a challenging occupation which requires a great deal of dedication and the willingness to invest time in solving technical and scientific problems. Perhaps specially at the beginning, when one transitions from structured studies within a degree into taking one's first steps in participating in the current start of the art in a given field. But this stage can be overcome if one has passion, perseverance and, importantly, good mentors.

除了以上提及的内在困难外，我个人并没有遇到太大的外部阻碍。我非常幸运能够同世界上许多聪明又勤奋的科学家一起工作，从事一份充满成就感的职业。

But besides these intrinsic difficulties, I personally have not had any major external obstacles impeding my career. I count myself lucky of not only being able to invest my time in an occupation that I find fulfilling, but also to do so alongside many intelligent and hard-working scientist across the globe.

成功的团队——我真的很喜欢这的合作精神

你与团队成员交流合作科研工作，都有什么体会？

What's your feeling about the team when you share ideas with them? Can you give an example which impresses you most?

我非常欣赏基础院的团队精神。在这里，我认识了很多有进取心、以结果为导向的研究人员，他们不仅喜欢与同事讨论学习，也乐于分享他们的专业知识并广泛开展合作。对基础院的每一位成员来说，学习非常重要。同时，基础院也为我们成为科学家的学术成长之路提供了有力支持。

I really like the team spirit that I see in the research efforts at IFFS. I have met very motivated, result-oriented researchers, that not only enjoy discussing and learning from their colleagues, but are also open to share their expertise and collaborate widely. I feel that learning is very important for everyone that I have met at IFFS, and I think that the Institute has been supportive of our efforts and our professional growth as scientists.

还没到结束的时候——我想把它们做完

你现在已经完成了上一期博士后工作，并且取得了优异的成绩，为什么选择继续做博士后呢？

Now that you've completed your last stage of postdoc research and achieved excellent results. Why do you still choose to continue your work in IFFS and prolong your research term?

在基础院工作两年后，我们确实取得了一些有趣成果，也积累了一定的研究势头。接下来，我想进一步完成尚在进行中的项目，特别是围绕等离激元增强的光催化领域。我的目标是在开展其他项目之前，将此项工作顺利完成并发表相关成果。

Thank you, you are very kind. After two years of work with IFFS we had indeed produced some interesting results, but we also have accumulated momentum in our research and we have a number of ongoing projects that I would like to finish, particularly around plasmon-enhanced photocatalysis. My goal was to use this extension to bring these to fruition before moving on towards other projects elsewhere.

未来在工作方面，你有怎样的安排和计划？

What's your plan for your future after finishing your research work in IFFS？

我将继续从事自然科学研究，并着手教授已经或考虑踏入科研领域的年轻人。现阶段我开始寻找大学教职，以期建立自己的研究团队。不论未来是以这种身份还是其他身份工作，我都将继续在自然科学领域上下求索，以应对影响社会发展至关重要的挑战。

I would like to continue my involvement with the natural sciences, both by maintaining and active research activity and by engaging in teaching younger minds who are engaged in or considering to pursue a scientific career. Therefore, I am currently exploring the possibility of establishing my own research group as a university professor. However, be it in that capacity or with some other duties, I will continue looking for answers in the natural sciences to tackle challenges of importance for our society.

感恩相遇——海内存知己

请谈一下你在电子科大做博士后的感受？

Would you please describe your experience of working in UESTC？

很高兴有机会成为电子科技大学的博士后，这段历程极大地丰富了我的研究经历，推动了我的研究事业。但我最珍惜的，还是与电子科大校内外人员相处的日子，我在这里结识了新同事和新朋友！

I am very happy of having had the opportunity of being a postdoctoral researcher at UESTC. This position has greatly extended my research experience and helped me advance my research career, but I also want to emphasize that it has given me many great experiences with people in and around UESTC, from whom I can now count new colleagues and friends！

个人简介：

Vazquez Besteiro Lucas，男，1984 年 7 月生，西班牙人，2014 年获西班牙圣地亚哥德孔波大学材料科学专业哲学博士学位，2017 年 9 月加入电子科技大学基础与前沿研究院从事博士后研究工作，导师为王志明教授。现为西班牙维戈大学教授。在站期间以第一作者在 *Nano Letters*、*Nano Today*、*ACS Photonics* 发表学术论文 3 篇，以及其他 SCI 一区论文十余篇。2017 年获第 62 批博士后面上资助，2018 年被评选为电子科技大学优秀博士后，2019 年获中国博士后科学基金第 12 批特别资助（站中）。

4

第四章　学子畅言

⊙ 献绿水青山赤子心

　　2021 年 1 月，基础与前沿研究院新闻网刊登了题为《这位爱科研、爱生活的博士生，希望为祖国"绿水青山"贡献力量！》的文章，对 2020 年"成电杰出学生"付先彪进行报道，全文如下。

　　付先彪，中共党员，基础与前沿研究院材料科学与工程专业博士研究生，师从康毅进教授，2020 年"成电杰出学生"。读博期间，他获得过国家奖学金 2 次，校级奖励 2 项，在 Nature Catalysis 等期刊发表学术论文 9 篇，SCI 高被引论文 1 篇；申请国家发明专利 3 项（授权 1 项），申请国际专利 1 项，美国化学会（ACS）会议论文 3 篇，多次参加美国化工年会（AICHE）和美国化学会年会等国际会议，并作了口头报告，而且担任 Advanced Functional Materials 和 Nanoscale Research Letters 等国际著

付先彪　2021 届博士毕业生

名期刊独立审稿人；参与国家自然科学基金项目 3 项，博士在读的他曾受复旦大学材料系、中南大学应用化学系和中国工程物理研究院化学所邀请作学术报告；创建了知名公众号"催化开天地"，并担任主编。

麻辣里面的生活　"真味儿"

　　问及付先彪的成长之路，"辣味儿"一直伴随着他。"我本科在中南大学，湖南香辣；读博士来到咱们成电，这儿麻辣，都香！"付先彪满脸灿然。湘辣川麻，涌上舌尖的刺激与爽劲儿，在中南、成电两所高校，在本科、博士两个阶段，带给付先彪不一样的感受体验。

　　付先彪回忆自己的本科生活，他阅读了两百多本的经典社科类书籍，其中《平凡的世界》让他印象最为深刻。"我家就是陕北的，路遥描写的生活带给我一种亲

切感，不过不是因为我和他住得近就喜欢他的书呀！哈哈！"付先彪笑道。

孙少安的成熟稳重、孙少平的潇洒，路遥"用生命写作，与命运抗争""纪实写作"的精神，以及书中所传达出来的——"劳动带来满足""奋斗精神"，都对付先彪产生了深远影响。

本科毕业时，付先彪保送成电深造。如果说本科期间的学习培养了付先彪的人文素养，来到成电，在导师的指导和帮助下，他敲开了科研的大门。

"成电浓厚的学术氛围让我得以沉浸到科研里面，做出成果！"博士期间，付先彪开发了绿色生产基础化工品乙酸的催化剂，对推动基础化工品的可持续生产具有重要意义。该研究成果发表在 *Nature Catalysis*，引起国内外同行的广泛关注，被科睿唯安评为 SCI 高被引论文。这是我校首次以第一单位在该期刊上发文，也是我校发表的第一篇自然大子刊封面文章。

"欲学诗，功夫在诗外。"提及如何写出高质量学术论文，付先彪这样回答道，"科技论文写作，功夫也在写作外。论文的质量高低取决于它所反映的科研价值，而不是华丽辞藻的堆砌。"选出好的科研课题，精巧的实验设计，投入精力做出来好的实验结果，这是高质量论文的核心；当然，刚开始学习写学术论文，先要阅读大量优质论文，分析学术论文的写作范式，品味其中的写作技巧，先模仿后创造。

"总而言之，难的从来不是写作，而是练就写作之外的'功夫'，'功夫'从哪里来，得从博学广识和刻苦钻研中来。"

似熊熊烈火燃烧在舌尖，火热而滚烫，口腔间的麻辣鲜香萦绕不散，在"辣"的味觉体验中，在湘川两地的大学生活里，付先彪锤炼了自己的科研本领，升华了自我的人文思想。

我的武林秘籍：爱上"有血有肉"的科学

读博期间，付先彪获校博士生学术支持计划资助赴美国西北大学和约翰斯·霍普金斯大学博士联合培养。在 2017 年到 2020 年赴美交流学习期间，一次特殊的经历让付先彪感触良多。"我看了美国的小学课本，发现他们的教材设计非常注重于科学思维的培养。"付先彪讲道，"小学科学课本里包含了从观察到提出问题，然后设计方案，再到执行并记录结果，得到结论，最后讨论交流的全过程。其实这就是科学研究的基本过程，而他们从小就接触到了！"

付先彪的主要研究方向为电催化绿色转化小分子至高价值化工品，也包括流动反应池的设计和二维纳米材料可控制备。"地球上的化石资源正在枯竭，最有希望的替代能源是氢能，但是氢能不具备像化石资源一样提供基础化工品的性质，在这种情况下，就需要一种技术路线实现基础化工品的绿色可持续生产，这是在为未来积累科学技术，也是我所认为的自己的研究价值所在。"为了绿色可持续生产基础化工品氨气，付先彪提出了一种通过电化学还原硝酸盐进行电化学合成氨的替代途径，该研究成果可在废水处理（如化工废水或生活污水）和廉价硝酸盐制氨（如硝石矿附近）中得到应用，已得到国家发明专利授权。

在付先彪看来，科研如同深山习武，需要"勤"，更需要"静"。"就如《大学》里所讲的——'静而后能安，安而后能虑，虑而后能得'，做科研就要戒骄戒躁。"勤练基本功——牢固掌握基本知识，常学常新；静思生疑——提出好问题，解决真问题。"除此之外，你学问做得越深，越要求你博学广识。"付先彪认为见多识广才能让灵感对接科研，才能产生联想点，做出创造性的成果。他还坚信想象力对于做科研的重要性，要敢想敢做。说到底，科研需要博学广识、兴趣、执行力和想象力。付先彪认为，科研虽像深山习武，需要耐得住寂寞，却不能忘记参加"武林大会"，与各路"英雄"切磋武艺。他曾多次参加国际会议，以博士在读生身份在美国化学会（ACS）年会上作了口头报告。2020年付先彪代表课题组参加厦门大学"电化学暑期学校"，电化学暑期学校邀请的授课老师是全国高校和科研院所本领域最优秀的杰出人才，并坚持"一个课题组录取一名"的原则选拔学员。在这个群星荟萃、大佬云集的"武林大会"上，付先彪斩获了"优秀学员"的殊荣，在该平台展示了成电学子在电化学方面的风采。

我虽平凡，却也闪着温暖的光

付先彪秉持"共享知识，共同进步"的理念，在博士二年级的时候创建了"催化开天地"公众号，分享自己曾经从专著和文献中学习到的科学知识，以及催化和电化学基础知识和前沿研究动态。三年运营，推送800余篇文章，而今已有近5万的关注量，并得到了业内学者的高度赞扬。

付先彪一直担任公众号主编，他乐于分享，更乐于沟通。他经常会和硕士、博士展开线上线下的讨论，在交流沟通之中，付先彪通过进一步辨析概念性、原理性的知识，构建完善了自己的知识网络。

在知识共享中，他实践费曼学习法，最高效的学习办法就是教别人，如果要教别人，就要把复杂问题通俗易懂地讲明白，这就需要自己的"深加工"，能通俗易懂地讲明白，而由这个"简化"的要点又可以辐射出很多东西，那你也就真正懂了。

科研之余，付先彪腾出部分精力来做学生工作，他曾负责基础院研究生的党建工作并获评校优秀研究生干部，创建了研究生党建特色活动——"学术青年说"。

付先彪讲道，"除了科研，还有生活，当然科研也是生活的一部分，互相交织促进"，他热爱乒乓球、电影和欣赏艺术画作，特别喜欢黄永玉先生的作品，他相信艺术总能给人带来快乐和灵感。

谈到未来，付先彪希望在高校任教，从事自己热爱的科研，教授学生自己之所学。他也希望自己接下来的研究更"接地气"，能够投入实际应用并产生价值，为祖国"绿水青山"贡献自己更多的力量。

个人简介：

付先彪，男，1992 年 5 月生。2021 年获电子科技大学材料科学与工程专业工学博士学位（导师：康毅进教授），博士期间曾在美国西北大学和约翰斯·霍普金斯大学联合培养。现为丹麦科技大学物理系玛丽·居里研究员，研究方向为能源存储与转化过程，包括电化学合成氨、电催化、模型催化剂的精准合成及合成机理探究、流动电解池/膜组件电解池的设计和热催化选择性加氢/氧化。在国际期刊发表学术论文 30 余篇，其中以第一作者或共同第一作者在 *Science*、*Nature Materials* 和 *Nature Catalysis* 等国际期刊发表学术论文 20 余篇。谷歌学术统计总引用 1600 余次。目前主持欧盟玛丽·居里学者项目 1 项，申请国家发明专利 4 项（授权 3 项）、国际专利 2 项（授权 1 项）；担任 *eScience*、*Nano Research* 和 *Applied Research* 等期刊青年编委，担任 *Materials Horizons* 期刊 *Early Career Advisory Board*，担任 *Adv. Energy Mater.* 和 *Adv. Funct. Mater.* 等多个期刊审稿人。2016 年创建"催化开天地"公众号并担任主编（发布超过 1300 篇推送文章，每日阅读量超 1 万次）。研究成果被 *MIT Technology Review* 等知名科技媒体报道，被 *Nature Energy* 等国际期刊作为 *Research Highlight* 报道。

⊙ 为科研加点 "潮味道"

2018 年 4 月，基础与前沿研究院新闻网刊登了题为《余鹏：为科研加点"潮味道"》的文章，对 2016 年"成电杰出学生"余鹏进行报道，全文如下。

作为博士生，也许发表十几甚至几十篇 SCI 论文是常态。但是有这么一位在读博士，不仅发表了十多篇论文，他还充分利用课余时间，考取了专利代理人证书、心理咨询师证书，还拿到了琵琶十级证书。是什么让他如此优秀？又是什么让他能在科研之外还有丰富的业余生活呢？4 月 13 日，2016 年"成电杰出学生"、2017 年唐立新奖学金获得者、基础与前沿研究院博士研究生余鹏做客"学术青年说"，为在校学生讲述了自己的学术经历，同时分享了他的专利申请经验。

余鹏　2019 届博士毕业生

打造核心竞争力

在大学生涯中最具含金量并能彰显个人价值的，除了考试成绩，还有论文和专利。二者所体现出来的核心竞争力更胜于成绩，也成为更多用人单位争相递上橄榄枝的原因所在。一篇 SCI 论文足以证明你的英文能力、专业能力、科研能力等诸多综合素质，一项专利也能凸显个人的创新想法和未来潜力。申请专利可以把个人的技术和研究成果转化成被认可的资本，苹果公司每年通过发现侵权行为而进行维权的获利就高达 500 亿美元。余鹏也积极为大家普及了一些专利申请的小窍门。

"发表第一篇论文也许非常艰难，等待一个发明专利问世也需要几年时间。可是一次的成功就会形成马太效应，让之后的道路越来越顺畅。"余鹏接着说道，"在校期间发表论文和申请专利，是在为自己的未来铺路，也是打造我们的核心竞争力。"

创新就是找不同

"大家不要被创新这个词吓倒，在我眼中，创新其实就是发现你和别人的不同。"

在科研当中，一个 idea 从来都不是凭空就可以"创新"出来的。每一个突破性的创新点都是通过大量阅读文献得来，无论是将别人的实验成果加工得更加细致，还是从别人的实验成果中取得进一步突破，抑或是将他人的实验条件进一步扩大，这些细小的进步和改变都是创新，都可以通过严谨的实验论证并撰文发表。

申请专利也不是只有"技术大咖"才能玩的"游戏"。比如，著名歌唱家迈克尔·杰克逊就为他展现经典的 45 度前倾舞步所用的"反重力鞋"申请了专利；美国政治家林肯也因为他所发明的防抛锚装置成为了第一个申请专利的总统；就连被誉为"美国文学中的'林肯'"、小说家马克·吐温也曾发明可调节女性内衣肩带。创新从来都是敢做敢想之人的游戏，而不是一个唬人的高深词汇。

"甚至你只有想法也是可以申请专利的。"余鹏介绍道，"现在先做研究，等出结果后再申请专利的思维已经落后了，我们不能等到成品都做好了才去申请专利，只要我们的想法可行，我们就可以去申请。"在他心目中，更"新潮"的方式是利用企业的思维进行全方位的专利保护。哪怕是你的一个想法，只要满足新颖性、创造性、实用性就足以申请专利并申请专利保护。

科研就从现在开始吧

现场有很多研一的同学，他们正在科研的门坎上犹豫不决，不知如何前行。对此，余鹏也结合自己的科研经历给出了建议，鼓励大家尽早开始参与科研工作，主动探寻未来的科研方向。在研一阶段，重点平衡好个人的时间安排，参与到导师的研究课题中。在此期间，如果能够发表学术论文，那之后的科研道路就会越走越顺畅。

在余鹏看来，有了想法之后的行动和准备极其重要。正如研发过程中专利先行的策略，提前做好准备，先人一步打好基础就是能够持续领先的资本。余鹏建议大家，想要申请国外留学，需要提前了解目标导师的研究方向及代表论文，再通过邮件和导师互动。如此，相比按部就班等待的申请人就能领先一个身位。

个人简介：

余鹏，男，1990 年 1 月生。基础与前沿研究院电子科学与技术专业 2019 届博士毕业生（导师：王志明教授），现为基础院特聘副研究员、硕士生导师。主要从事于微纳光子学器件、等离激元（探测、光能转换）等领域的研究；先后主持国家自然科学基金青年科学基金项目、国家博士后面上资助项目、四川省科技厅和四川省博士后特别资助等项目，参与科技部重点研发等重大项目；在高影响力国际期刊上发表 SCI 论文 60 余篇，论文总引用次数近 2400 余次；4 篇论文入选 ESI 高被引论文，1 篇一作论文入选 ESI 热点论文；授权或申请发明专利 50 余项。在国际会议作邀请报告 3 次，组织国际会议 VC‑NST 并担任 3 个国际会议的分会场共同主席；编撰专著 3 部；担任 SCI 期刊 *Nanoscale Research Letters* 客座编辑；获 2018 年中国光学学会优秀博士毕业论文提名奖（全国 10 篇）、中国发明协会发明创新金奖（1%）。

⊙ 不忘初心 砥砺前行

2022 年 5 月，基础与前沿研究院新闻网刊登了题为《谭兵：不忘初心 砥砺前行》的文章，对国家奖学金获得者谭兵进行报道，全文如下。

回顾过往学习与生活，谭兵说道："幸运会眷顾勤奋努力的人，你有多努力勤奋，就有多大收获。"

谭兵 2024 届博士毕业生

良师益友， 伴我同行

时间回到 2018 年夏天，谭兵参加了基础院举办的夏令营活动，他被基础院浓厚的学术氛围和自由专注的科研精神所吸引，在推免中毅然决然选择了到基础院攻读硕士研究生。刚到实验室时，谭兵在导师的指导下，选择了变分不等式及其应用的研究方向。初入一个新的研究方向，他会阅读很多相关领域的文献和书籍，并精读一些经典文章，归纳各种方法存在的优缺点。当遇到问题时，他会和导师以及师兄师姐们共同探讨。团队每周一次的讨论班是大家共同学习的时间，他们会精读一篇文章，讨论在学习中遇到的困难。在这样的交流与学习中，每个人都有明确的目标和奋斗的方向。当谈起第一篇论文的写作时，谭兵表示这并不是一帆风顺的。首先，需要阅读大量的文献，对以前算法存在的缺点进行分析，并提出自己改进的方案；然后，要证明这个算法的收敛性并结合数值例子来验证所提算法的优势；最后，再整理形成论文并反复推敲证明和遣词造句。谭兵说道："当看见第一篇 SCI 论文发表后，所有付出和辛苦都是值得的，这离不开导师的指导和同门的帮助。"现在，他的研究成果受到同行的关注与认可，受邀担任多个国际 SCI 期刊的审稿人，并担任美国数学会 MathSciNet 和德国数学文摘 zbMath 的评论员。今年 3 月，他受国家留学基金委资助前往加拿大不列颠哥伦比亚大学联合培养一年，学习非线性变分分析领域的前沿知识。

学术会议，开拓视野

科研不是闭门造车，在冥思苦想的同时，也要与其他学者多进行交流。谭兵在读博期间，参加了中国运筹学会第十二届全国数学优化会议、第八届现代分析数学及其应用国际学术会议等多次学术会议。"这些学术会议为学者们搭建了一个很好的交流平台，在会上可以了解很多方向的前沿知识，也有机会与一些学者们探讨交流，这些交流有可能会产生新的想法。此外，通过学术会议可以了解同行最新的研究方向和理论，对开阔科研视野非常有帮助。"谭兵说道。

志愿服务，回馈社会

除了科研之外，谭兵还积极参与班级事务和志愿服务。硕士期间他曾担任基础院研会主席和研究生第三党支部书记，协助研究院策划举办了迎新晚会、基础院五周年成果展、健身夜跑等活动，丰富了同学们的课外生活。博士期间担任 2020 级博士班班长，他协助辅导员做好学校和研究院通知的上传下达，热心帮助周围同学解决学习和生活中遇到的困难。此外，他多次受邀为本科学校的学弟学妹们分享学习和竞赛经验，讲述在成电的收获与感悟，受到老师与同学们的一致好评。谭兵表示，在今后的学习生活中，他会一如既往地用实际行动践行一名党员的责任与担当，用所学知识回报社会。

学长寄语

仰望星空，脚踏实地，用汗水浇灌收获，以实干笃定前行。

个人简介：

谭兵，男，1995 年 5 月生。基础与前沿研究院博士研究生（硕博连读，导师：秦小龙教授），2023 年 12 月获数学专业理学博士学位。现为西南大学副教授，研究方向为最优化理论与应用。博士期间，获国家留学基金委资助，前往加拿大不列颠哥伦比亚大学访问一年。攻博期间，在其研究领域的重要期刊上发表高水平学术论文 20 余篇，受邀担任美国 *Mathematical Reviews* 和德国 *Zentralblatt MATH* 评论员。在校期间，曾获得国家奖学金、成电学术新秀、优秀研究生干部等荣誉或奖励。

◉ 初心如磐　奋楫笃行

2022 年 5 月，基础与前沿研究院新闻网刊登了题为《潘丽鹏：初心如磐，奋楫笃行》的文章，对国家奖学金获得者潘丽鹏进行报道，全文如下。

循序渐进，如沐春风

邓勇教授对潘丽鹏的第一次科研指导是通过邮件进行的，为完成第一个工作的初稿，前前后后总共有 200 份邮件记录。在邮件中，邓老师对文章一字一句地进行了修改，从题目到内容手把手地进行指导。据潘丽鹏回忆，"正是邓老师这样尽心尽职地指导，让我坚定了进入电子科技大学攻博的决心。"在 2019 年刚进入课题组时，潘丽鹏发现身边的同学都很优秀，这给了他很大的压力。在一次讨论中，邓老师提到"天才是少有的，但是不怕慢、就怕站，坚持日拱一卒就可以"，邓老师的开导让潘丽鹏焦虑

潘丽鹏　2023 届博士毕业生

的心逐渐放松下来。基于此，潘丽鹏开始阅读大量的文献，由浅入深，和邓老师讨论，和已经毕业的师兄师姐通过邮件交流。终于在 2019 年的 12 月，潘丽鹏完成了模糊信息建模的第一个工作，最终将其发表在模糊信息领域的顶刊 *IEEE Transactions on Fuzzy Systems*。每次讨论，邓老师会从科研到择业，从自身发展到家国情怀等，与大家进行深入地交流。每次讨论完，潘丽鹏都会整理成笔记和心得，现在已有不下于 50 篇，他的科研素养在一次次的交流学习中也不断提高。同时，实验室良好的沟通氛围也感染着潘丽鹏，实验室、餐桌上、西门桥头、微信讨论组都有过他们交流的余音，这也激发了他许多新的思维，让他收获颇丰。截至目前，潘丽鹏共发表了 5 篇 SCI 论文，其中有两篇论文发表在中科院一区。

初心如磐， 奋楫笃行

虽然潘丽鹏在不确定信息建模方面开展了一些工作，并获得一些成果，但是他从未松懈。他不仅通过研究院的科研论坛了解研究院的高水平研究成果，以此激励自己，还利用谷歌学术订阅相关领域大牛的工作来激发灵感。

课题组不仅讲求"埋头苦干"，还要求增强与同行之间的交流。2019 年 10 月，潘丽鹏前往日本福冈参加第五届模糊系统和数据挖掘国际会议，以期追踪模糊领域的最新研究。同时，为解决证据理论中计算复杂度的问题，2020 年 1 月，潘丽鹏前往深圳参加第 23 届量子信息处理国际会议。这次会议，潘丽鹏接触到了量子计算，随后的工作中潘丽鹏通过构建量子电路模型解决了证据理论中计算复杂度的问题。

回顾之前的科研道路，每一个工作都来之不易。看到别人优秀的成果，潘丽鹏也会羡慕，但最终都会调整好心态，继续前行。很多次在凌晨一两点从教研室回宿舍时，潘丽鹏会问自己："累吗？还能坚持吗？"但想想自己的讨论心得和日记，他都会回答："累，但离坚持不住还早着呢。"正是在这种不断地坚持和努力中，潘丽鹏才不断沉淀和进步。

在日常的科研中，潘丽鹏受到许多人的帮助，也在力所能及地回馈大家。他曾指导本科生完成大学生创新项目，帮助师弟师妹修改论文并投稿、回复审稿意见。他始终秉持一种"你的举手之劳对我而言是雪中送炭"的心态来尽心尽力地帮助每一位同学。

志存高远， 未来可期

潘丽鹏一直认为，自己的天赋在课题组中属于中等偏下，他有时也会和邓老师说"我怎么这么笨呢"，邓老师会回答他"那你就一直走，不要停"。潘丽鹏对自己的要求是"干一行，专一行"，只要自己研究这个方向，就要努力钻研，提升自己的专业度，让其他同学或者同行在遇到该领域的问题时，第一时间能想到自己。为了拓宽自己的知识面，潘丽鹏申请并得到了国家留学基金委公派资格，获得了去东京大学联合培养一年的机会。

人生的理想总是兜兜转转，儿时的潘丽鹏在一个小山村，觉得世上只有两个职业，科学家和老师，等到长大一些，想做技术工人，等到和邓老师接触以后，觉得投身于基础研究也不错。用邓老师的话来讲："匆匆百年，我们争取把自己留在教科书里。"因此，潘丽鹏总是期望自己能做一个求实求真、大气大为的成电人，期望自己的科研成果能够充实本领域的基础研究，让更多来自中国的科研成果被同行认同。

学长寄语

你的举手之劳，我的雪中送炭。做一个堂堂正正、开开心心的成电人。

个人简介：

潘丽鹏，男，1991年8月生，基础与前沿研究院计算机科学与技术专业2023届博士毕业生（导师：邓勇教授），现为西北农林科技大学信息工程学院青年教授、博士生导师。研究方向为不确定信息建模和处理，具体包括 Dempster‒Shafer 证据理论、模糊集理论和可能性理论等。曾获2020~2021、2021~2022年博士研究生一等奖学金、2021~2022年研究生国家奖学金。在博士期间，以第一作者发表或录用 SCI 期刊论文4篇、EI 会议论文1篇，其中中科院一区论文2篇。

⊙ 行远自迩　笃行不怠

2022 年 5 月，基础与前沿研究院新闻网刊登了题为《邓吉祥：行远自迩，笃行不怠》的文章，对国家奖学金获得者邓吉祥进行报道，全文如下。

良师益友，助力启航

邓吉祥与导师邓勇教授的相识可以追溯到 2019 年。那时候邓吉祥还是大三的本科生，刚刚获得保研资格，出于对机器学习和信息融合的浓厚兴趣，他与邓老师取得了联系，并有幸加入邓老师的科研团队。

2020 年秋，邓吉祥满怀梦想开启了他在电子科技大学的硕士研究生学习生涯，并进入实验室正式开始科研工作。邓吉祥回忆道："刚开始的时候，因为对研究方向不是很熟悉，所以研究进展很慢。在此期间，邓老师悉心关怀，在基础学科和相关文献的学习上给予了我耐心指导，不断引领我思考和探索研究难题，我的科研进程得以顺利启航。同时，实验室的师

邓吉祥　2023 届硕士毕业生

兄师姐也给我莫大的帮助，交流了很多新观点和新方法，让我收获满满。"除了科研和交流之外，邓吉祥还多次组织并参与实验室大扫除以及团建活动，为团队建设贡献了自己的一份力量，同时也加深了同学之间的友谊。在邓老师的悉心指导和实验室团队的帮助下，邓吉祥在硕士一年级期间就发表了 2 篇学术论文，他不由感叹："遇良师，得益友，助力我科研之路快速启航！"

行远自迩，笃行不怠

在硕士一年级期间，邓吉祥努力学习，刻苦钻研，7 门学位课中有 4 门课成绩在 90 分以上，学业成绩突出；在邓老师的指导和同学的帮助下，他不断探索与创新，努力培养独立思考与解决问题的能力，科研成果也有收获。目前，他以第一作

者在国际主流期刊和会议上发表或录用学术论文共 5 篇，其中 1 篇为中科院一区 TOP 期刊，1 篇为 "ESI 高被引论文"。

为了拓宽知识面与学术视野，邓吉祥还多次参加国际学术会议并作报告。经过一年多的努力学习和刻苦钻研，他在 DS 证据理论和贝叶斯学习的交叉方向取得了较为满意的成果，并在 DS 证据理论领域国际旗舰会议 International Conference on Belief Functions（BELIEF2021）上发表。

在科研道路上，邓吉祥不仅学会了如何分析、处理、解决科研问题，也学会了如何排解科研压力。回忆起这些成果的研究经历，他感慨道："科研成果的取得绝不是一蹴而就的，需要一个积累沉淀的过程，行远自迩，笃行不怠，只有保持坚持不懈的心态，才有可能成功。"

踔厉奋发， 不负韶华

习近平总书记在建党一百周年大会重要讲话中强调："新时代的中国青年要以实现中华民族伟大复兴为己任，增强做中国人的志气、骨气、底气，不负时代，不负韶华，不负党和人民的殷切期望！"作为广大中国青年中的一员，邓吉祥认为："一名优秀的新时代中国青年应当树立远大理想，以投身祖国建设为目标，踔厉奋发，不负韶华。"虽然现阶段取得了一些成绩，但是他认为要想成为一名优秀的科研工作者，更需要正视差距，付出更多努力。为此他准备在硕士毕业之后继续读博深造，继续在计算机科学领域潜心研究，开拓创新，努力工作。

在学习和科研之余，邓吉祥还很重视个人综合素质的提升，有着广泛的兴趣爱好，比如阅读、游泳、篮球、钢琴。邓吉祥每天都会阅读和观看时事新闻，关注和了解国内外大事。他热爱体育运动，经常和同学一起跑步、游泳和打篮球。此外，他对音乐也很感兴趣，会唱歌会弹钢琴，曾获得钢琴十级证书。邓吉祥说："我是个热爱生活的人，这些课外活动不仅拓宽了我的视野、锻炼了我的身心、陶冶了我的情操，还让我劳逸结合、张弛有度，在生活、学习和科研之间找到平衡点，也让我积极向上、乐观开朗，微笑着迎接每一天。"

科研之路不平坦，充满挫折感，没有高度的兴趣和强大的毅力，难以为继。科研也往往超出现有的工作能力和知识水平，即使个人能力再强，这个过程也会觉得比较费力。是成电硕士的学习经历，教会了他求实求真、大气大为的学习态度；是在邓老师团队的科研经历，培养了他脚踏实地、自强不息的科研态度；更是新时代的召唤，给了他努力拼搏、砥砺前行的精神动力。他希望能在接下来的硕士阶段以及未来的博士生涯中，不断进取，敢于创新，取得优秀的成果，为祖国的科研发展事业贡献自己的一份力量。

学长寄语

天行健，君子以自强不息；地势坤，君子以厚德载物。

个人简介：

邓吉祥，男，1998 年 2 月生，基础与前沿研究院计算机科学与技术专业 2023 届硕士毕业生（导师：邓勇教授），目前在浙江大学攻读博士学位。研究方向为 DS 证据理论、模糊集理论、不确定信息表示与融合、模式识别与机器学习。曾获研究生国家奖学金，硕士研究生一等奖学金。在硕士期间，以第一作者发表或录用 SCI 期刊论文 2 篇、EI 会议论文 3 篇、中科院一区 TOP 论文 1 篇、ESI 高被引论文 1 篇。

⊙ 砥砺前行　不负韶华

2022 年 4 月，基础与前沿研究院新闻网刊登了题为《易宇楠：砥砺前行，不负韶华》的文章，对国家奖学金获得者易宇楠进行报道，全文如下。

四年的成电博士求学生涯，易宇楠用这几个关键词总结和概括：敢于挑战、不惧失败、功到自然成、学无止境。

天涯有尽处，　师恩无穷期

易宇楠与导师的首次联系在 2017 年 8 月。他回忆道："那时正好是暑假的末尾，我下定决心读博后便开始联系导师，当时对新能源材料方面的研究比较感兴趣，于是便发邮件联系了崔春华老师，导师回复欢迎我以申请－考核的方式报考。备考的日子虽充满挑战，但对博士生活的期待让我坚持到了最后。充分的准备和良好的现场发挥，使我在复试中获得了崔老师以及研究院其他老师们的肯定，最终顺利收到博士录取通知书。"

易宇楠　2022 届博士毕业生

2018 年，易宇楠怀揣着对博士阶段学习和科研生活的憧憬，来到了电子科技大学的"学术特区"——基础与前沿研究院。为了更快地适应新的学习和科研环境，同时，考虑到博士与硕士期间的研究方向存在一定的差别，易宇楠 8 月初就进入了课题组。他计划前期先多阅读文献，了解相关的研究背景和实验方法后再开展科研实验。对于这一计划，崔老师建议："不要花太多时间单纯地看文献，要多上手去做实验，实际操作后再回过头来看文献，就会有不一样的理解与体会。"这一及时的建议犹如指路明灯，开启了他对实验的"新理解"。

进入实验室后，易宇楠发现实验并不像文献上描述的那么简单，自己按照他人文献中的方法操作，有些时候并不能制备出目标材料或制备出的材料性能与文献差距较大。身为导师的第一届博士生，没有高年级的师兄师姐可以请教，自身对新研究课题的认识还不够深，这使得他在初期感到困惑和迷茫。幸运的是，崔老师常常亲自进入实验室，与学生们探讨实验中出现的问题，并以他渊博的理论知识和丰富的实践经验对学生进行现场指导，这仿佛给了摸着石头过河的他一针强心剂。导师言传身教的模式不仅能及时地为学生答疑解惑，也给予了学生实验的信心和坚定感。与此同时，导师对实验结果和创新性的高要求也给他带来了不小的压力，有一两个月实验很不顺利，每天早起探索不同的实验方法，晚上等来的却都是同样的失败。在后来的学术论文撰写上，崔老师更是以高标准、高要求亲自对学生学术论文进行耐心指导、细致地修改润色，既舒缓了学生创作的焦虑，也不断让学生在沟通中努力提升自己。在学习和科研之余，易宇楠积极地参加学校和研究院组织的党建活动和文体活动，热衷于体育锻炼，多次代表研究院参加全校研究生篮球赛和研究院师生篮球友谊赛。

在崔老师的悉心教导和课题组成员的相互帮助下，易宇楠的实验逐渐有了起色，科研也步入了正轨，取得了一系列科研成果，并成功发表在 Applied Catalysis B：Environmental、ACS Applied Materials & Interfaces、Chinese chemical letters 等高水平 SCI 期刊上。4 年的博士求学路不仅提高了他的科研实力和科研素养，同时也是对他心性和思想上的一次升华。

敢于挑战，勇攀高峰

易宇楠说："在电子科技大学基础与前沿研究院这个学术殿堂里，就应该勇于挑战困难的课题，做卓越的研究。"看着周围的同学们不断地在各个领域的顶级期刊上发表论文，他时常倍感压力，但他深知只有将压力转化为动力，不断地提升自身本领，才能缩小与别人的差距。他认为看到差距不可怕，发现不足也不可怕，只要勇于面对这些差距和不足，脚踏实地一步一步追赶，勤能补拙，终有回报。

导师时常对易宇楠说："要力争做第一个吃螃蟹的人，做科学研究应该引领一个方向，开创属于自己的特色，而不是跟风做一些可有可无的工作。"这一科研理念深刻影响并指引着他现在以及未来的科研道路。

丈夫志四海，学成忠报国

作为投身科研的学生，能不断开拓科研眼界，更好地了解和掌握国际前沿技术，为祖国蓬勃发展的科学事业作出贡献，是每个科研学者的梦想。得益于崔老师一直对组内学生出国交流学习的支持和鼓励，在导师的支持与帮助下，易宇楠成功申请到国家留学基金委奖学金，于 2021 年 1 月前往世界顶尖名校新加坡国立大学

进行联合培养。

易宇楠介绍道："新加坡国立大学是一个非常国际化的学府，在学校里可以遇见各种肤色的人，听到各种语言。在科研中，各个种族不同的思维方式会碰撞出许多灵感和创新。"课题组每个月会开一次大组会，外导也经常与他讨论，了解他的实验进展，提出解决问题的建议。课题组的同学和同事们也乐于探讨，实验上有什么独自解决不了的问题，大家往往能够通过充分的交流与讨论，最终得出较好的解决办法。这种开放、包容和互助的科研模式让大家以热爱的方式进行科研工作。

海外求学经历给易宇楠带来的不仅是科研水平和学术素养上的进步，还有更强的民族自豪感和使命感。海外求学经历让他深刻认识到中国仍然是发展中国家，要实现高科技领域自立自强，就需要我们一代又一代中国科研人不懈努力。

学长寄语

"业精于勤，荒于嬉；行成于思，毁于随。"在科研的道路上，我们一定要勤奋并善于思考。

个人简介：

易宇楠，男，1992 年 11 月生。基础与前沿研究院材料科学与工程专业 2022 届博士毕业生（导师：崔春华教授）。主要研究方向为小分子电催化转化，荣获 2021 年国家奖学金。参与国家自然科学基金项目 3 项。截至 2022 年 4 月，在国际主流 SCI 期刊上共发表学术论文 13 篇，其中以第一作者发表 SCI 论文 5 篇（中科院一区 3 篇），论文总引用 270 余次。2021 年 1 月，获国家留学基金委资助，赴新加坡国立大学进行了为期一年的公派联合培养。

⊙ 青年党员要坚持"敢字为先　干字当头"

2020 年 11 月，基础与前沿研究院新闻网刊登了题为《吴铜伟：青年党员要坚持"敢字为先，干字当头"》的文章，对校级优秀共产党员吴铜伟进行报道，全文如下。

勇担重任，　励志成才

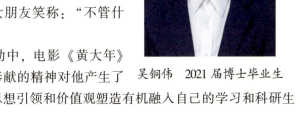

与优秀者同行，为人民服务，是吴铜伟一直秉承的理念。作为一名优秀共产党员，无论是学习、科研实验还是日常生活，吴铜伟时刻以党员身份严格要求自己，明确目标、提升自我。不管是组织"不忘初心、牢记使命"主题教育座谈会，还是赴建川博物馆、映秀地震遗址开展主题教育，他都积极参与党支部活动，响应组织的号召，他女朋友笑称："不管什么活动，一叫就去了。"

在一次党支部集体观影活动中，电影《黄大年》中黄大年老师科技报国、敬业奉献的精神对他产生了

吴铜伟　2021 届博士毕业生

极大启发和鼓舞，推动着他把思想引领和价值观塑造有机融入自己的学习和科研生活中。

2019 年暑假，吴铜伟前往临清市李堂中心小学进行了为期一个月的支教。在那里，他向同学们讲解生活中绿色节能发电的原理、催化剂等最基础的化学知识。支教生活让他了解到当前我们国家还有很多地方缺乏先进教育和优秀老师，"那里的孩子们生活十分艰苦，但抵挡不了他们对知识的渴望，这让我更加珍惜党和国家给予自己的优越学习条件，当时就油然而生一种要更努力学习，未来以自己的知识为社会、为国家做贡献的想法。"当然，这也激发了他坚定向前的决心和勇气。吴铜伟表示："作为一名博士生，一名青年党员，我要做到坚持敢字为先、干字当头。"

"在科研任务十分繁重的情况下，能够次次到场、不缺席支部活动，这种平衡

是很难得的。"时任基础院研究生第四党支部书记的徐晨清表示，"两年多来就没见他玩过。"

作为师兄，吴铜伟毫不吝于分享自己的学习经验，在学习型党支部的建设过程中起到榜样作用，"我希望这样的分享可以让师弟师妹们渡过难关，在科研道路上更快成长，为学校、研究院的基础科研贡献力量。"

勤与创新，　自律绽放

"勤奋""自律"是别人对吴铜伟的评价，也是他对自己的要求。2017 年，吴铜伟进入电子科技大学基础与前沿研究院攻读博士学位，致力于各类绿色环保、性能优异的电化学催化剂实验制备和理论研究，主要聚焦电化学氨气还原。这对他而言是一个全新的领域，需要打破既往，重新塑造，付出比常人更多的努力。为更深入了解该研究领域，他主动向导师申请学习机会，于 2018 年暑假进入了华东理工大学国家杰出青年组学习如何把算法技术运用到材料设计之中。随后，在导师张妍宁教授的推荐下，跟随成电孙旭平教授课题组做实验。在那一年里，吴铜伟坚持每天第一个到达实验室，最后一个离开，期间不断反复实验，将自己全身心投入实验中。

"他是个很专注的人，认准某个课题就会一直把它做下去，经常为了保持实验的连贯性通宵做实验。"扎实、勤奋、努力，是同门师妹郭晓茜对他的评价，"当然他也是一个很无聊的人，经常聊不到几句就会跟你谈论一些新的科研方向，分析研究重点。"

"大家在科研中经常会萌发一些好的想法，也经常因为操作上的困难放弃它。我不一样，我一定要做出来。"科学研究要勇于创新，吴铜伟深谙此理，他要求自己在保持高效率的同时，还要达到高准确度。功夫不负有心人，在实验室的那一年时间里，吴铜伟的科研能力得到了质的提升，在电催化氮气还原和二氧化碳还原两个领域发表高质量论文 4 篇。随着科研的逐渐深入，首次开发最有效的 Ti 基合成氨电催化剂、首次识别 Ti^{3+} 与合成氨的构效关系、首次提出和证实路易斯酸碱对在纳米材料中协同催化 CO_2 还原的新概念。吴铜伟用三个"首次"在材料化学领域不断突破和创新，致力于筛选出一种具有高活性且低成本的电催化剂，解决困扰我们多年的能源、环境和碳排问题。

激荡青春，　不负使命

"知识、汗水、灵感、机遇"是袁隆平老先生成功的秘诀，也是吴铜伟的人生格言。他始终相信，人要想成功就必须有扎实的知识基础，要付出加倍的努力，除此之外还要抓住一闪而过的灵感和机遇，才能够在科研工作中有所创新，有所成就。在保持良好心态的同时，吴铜伟还积极向别人学习。面对比自己实验操作更熟练的低年级同学，他会非常谦虚地请教、学习；面对不懂的难题，他会缠着老师直到问清楚；面对每一个合作者，他都学习别人身上的优点。吴铜伟表示："你抱着赞扬、欣赏的心态看待别人，那样你就会飞速进步。"

青年杰出博士获奖名单

面对如此漂亮的"成绩单"，吴铜伟表示这是长时间的自律赢来的，"我不是最聪明的，但一定要做最勤奋的"。他的下一步计划是继续深造，在能源转化领域做出更多有意义的成果。作为学长，吴铜伟寄语大家："希望学弟学妹们能在科研道路上孜孜不倦，注重学科的交叉培养，全方位提升自己的学习和科研能力，真正成为一名全面发展的人才。"

个人简介：

吴铜伟，男，1991 年 6 月生。基础与前沿研究院材料科学与工程专业 2021 届博士毕业生（导师：张妍宁教授），现为基础院特聘副研究员、硕士生导师。博士期间，在 *Angew. Chem. Int. Ed.*、*Adv. Mater.*、*ACS catalysis* 和 *Small Methods* 等国际高水平期刊发表 SCI 论文 15 篇，其中第一作者论文 6 篇，共同一作 5 篇；ESI 数据库高被引和热点论文 6 篇，论文单篇最高引 85 次；*Angew* 论文被电化学杂志封为最具影响力论文；荣获 2020 年上海同济高廷耀环保科技发展基金会"青年博士生杰出人才奖学金"，成为全国 22 位环保科技类青年杰出博士生之一；2021 年荣获国家博士后创新人才支持计划。

⊙ 青年党员要 "关注社会　服务社会"

2020年12月，基础与前沿研究院新闻网刊登了题为《马莉：青年党员要"关注社会，服务社会"》的文章，对校级优秀研究生干部马莉进行报道，全文如下。

戮力实干，成就自我

从2019年入学成为博士班班长以来，竭力为同学服务、干实事就成了马莉一直坚守的理念。作为一名优秀共产党员，她坚信实干出真知。在担任班长之后，马莉就开始积极筹划班委群，力求进一步提高班委的工作效率。除了在学习上组织同学们开展学术交流、参加研究生数学建模大赛等学术竞赛外，马莉也致力于构建更融洽、更有凝聚力的班级。

马莉　2023届博士毕业生

"大家的学习都还是有些辛苦、枯燥的，我就希望同学们多参与一些课外活动。"在2019年筹备元旦晚会期间，抱着试一试的心态，马莉提出大家一起排练一个舞蹈节目。"我在想很多人可能都不会来，没想到同学们都踊跃地报名了。"马莉对此还有些惊讶。仅仅五六天的时间，马莉和大家每天去党员活动室练舞，这让原本不是很熟悉的同学快速拉近了距离。直到现在，马莉也经常组织大家一起看电影、打羽毛球。

一个班级需要良好的凝聚力和向心力，这就需要有人积极做好服务工作。在她看来，同学们愿意以一些奇奇怪怪的问题来麻烦她是一件特别幸福的事。"不管是宿舍问题，还是男同学的情感问题。"马莉开玩笑道。"阳光""积极向上"是很多同学对她的评价。穷则独善其身，达则兼济天下，这是马莉在班级管理过程中的感悟。

除了做好班级工作，作为一名党员，马莉也在不断加强自身学习和提高政治素养。她非常喜欢每次开党支部会议的过程，尤其是批评与自我批评环节。"这是一个特别好的环节，在这个过程中，党员之间是拉近了距离的，我们可以非常友好地帮助别人提出问题，并且给出相应建议，对于自我也是一个反思和内省。"在马莉看来，党是一个非常积极的组织，党的思想能够帮助我们从负面的思想中走出来。"我觉得是防抑郁的。"马莉总结道。

投身志愿，服务社会

2014 年，马莉作为队长带领同学前去云南孟连傣族拉祜族佤族自治县支教，在目睹了贫困县教育资源匮乏、生活不便等现状后，她也更加坚定了做志愿者、用自己的力量来服务社会的决心。青年一代有理想、有本领、有担当，国家就有前途，民族就有希望——这是习近平总书记在 2020 年 3 月对北京大学援鄂医疗队中 "90 后" 党员回信中的内容。对此，马莉也深有感触。

马莉的家乡在甘肃白银会宁，作为全国有名的贫困县，苹果是当地农民收入的主要来源。去年 10 月，马莉在回老家的过程中无意发现了家乡苹果滞销严重的问题。"对比超市里面的市场价格，当地果贩的收购价格不到其十分之一。"面对如此严重的价格落差以及滞销的现状，马莉试着在朋友圈展示果园的情况，发动周围亲戚朋友关注和购买。随着第一个顾客光顾后，马莉开始了用微信进行网上推销的工作。"后面周围的亲戚都开始关注了，我的一些微商朋友也开始加入推销我们家乡的苹果。"经过两个月左右的努力，当地苹果的滞销状况有所缓解，马莉和朋友们陆续帮果农们卖出了 5000 多斤的苹果。

赠人玫瑰，手有余香，谈到对于公益的看法，马莉引用了伯特兰·罗素的话："人的一生中有三种激情——求知欲、对爱的渴望以及对人类苦难的慈悲心。"在马莉看来，公益是罗素所说的慈悲心，是人类的本能行为。

学习固本，综合发展

学习和生活必须要找好平衡点，这是马莉在学生生涯中的感悟。在学习上，马莉参与了多个国家级项目，发表了 SCI 两篇，会议论文两篇；在参与中国工程物理研究院院长基金课题 "半导体电子器件辐射效应激光模拟的物理机理及方法研究" 时申请了一项专利。而现在，马莉又把目光放在了等离激元纳米光子学的研究上，正在做着关于 DNA 自组装等离激元纳米结构的相关实验。在不断巩固自身学习和增强科研能力的同时，马莉也在积极拓展自身的兴趣爱好，促进自身的全面发展。

抛开其 "学霸" 光环，日常生活中的马莉也非常热衷于文体活动。初中就达到钢琴十级的她，既在本科期间就担任了学生合唱团的钢琴伴奏，同时还在本科及研究生期间都担任了院系的文艺委员，导演了本科毕业 MV 暨微电影《后会有期》，播放量上万也极大地增强了马莉的信心。摄影、跳舞、唱歌……马莉认为爱好是在学习之余放松自己、结交朋友的重要途径。

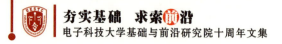

"表面要平静如水，内心则要激情澎湃。"关于学习时的心理状态，马莉这样总结道："读博是要掉一层皮的。"在中国工程物理研究院电子工程研究所学习期间，学长学姐曾这样对她说，现在的她也深有体会。"所以我呼吁大家要多多关心身边的博士研究生同学"，马莉笑着说，"博士本身从事的是探索性的工作，是在不断失败的压力中爬起来学习的，我们都在迎难而上"。

谈到如何平衡好学习和生活，马莉认为保持对科研的求知欲和上进心尤为重要："这是内在的驱动，其次是要和别人多讨论，在交流中碰撞火花和发现问题。还要保持对科研的持续热情和追求，最后还要有平和的心态。"马莉提到了对她影响很深的杨绛先生的一句话——我们曾如此渴望命运的波澜，到最后才发现：人生最曼妙的风景，竟是内心的淡定与从容。"每个人的人生其实都是有波折的，我们需要找到一个平衡点匀速前进。"尽管称自己是在"寒窗苦读"，但说到科研，马莉的眼中依旧依然充满炙热和信心。

个人简介：

马莉，女，1994年6月生。基础与前沿研究院物理学专业2023届博士毕业生（导师：王志明教授），2022年"成电杰出学生"，现为王志明教授团队博士后。近3年以第一作者在 *Nano Letters*、*ACS Nano*、*Laser & Photonics Reviews* 等 SCI 一区 TOP 期刊上发表论文，曾获 CSC 创新型人才国际合作项目、校级优秀研究生干部、华为勇敢星优秀实习生等荣誉。

⊙ 给自己的生活做 "加法"

2020 年 11 月，基础与前沿研究院新闻网刊登了题为《马翠苹：给自己的生活做 "加法"》的文章，对优秀党务工作者马翠苹进行报道，全文如下。

低谷往往是人生难得的转折点

2018 年 9 月，马翠苹顺利考入电子科技大学基础与前沿研究院材料科学与工程专业，开启为期两年的研究生学习之旅。成绩优异的她本想在研究生阶段大展身手，却被第一个实验给了下马威。多次实验合成立方体晶体未果，她感到百思不得其解，查阅了大量文献后依然毫无进展，虽有一次 "意外" 成功，却也只是昙花一现。为期一年的实验就这么失败了，马翠苹坦言："对我打击很大，之后的很长一段时间整个人都是灰色和沮丧的。"

马翠苹　2024 届博士毕业生

正是这次低谷给了马翠苹静下来思考的时间。她开始调整自己的心态，告诉自己科研本就不易，要学会接受失败；学会了在做每一件事情之前再三权衡，找准正确的方向；也懂得了做每一件事都要持之以恒。她笑着对记者说："爱迪生的三千次实验现在依然适用，其实我也想知道如果我的实验一直做下去究竟会不会成功？"

学会从每一件事中找到获得感

和其他人不一样，马翠苹还喜欢给自己本就繁忙的生活做 "加法"。她很擅长把自己的生活安排得满满当当，除了日常的上课学习、科研实验外，她还担任了班级的班长、党支部纪检委员等多项学生工作。在学院研究生第一党支部任职期间，除了负责支部会议记录与手册书写等支部工作外，马翠苹还积极参加各项支部活动，其中包括赴映秀地震遗址和建川博物馆开展的 "不忘初心、牢记使命" 主题教育等。此外，马翠苹还主持了研究生第一党支部与光电学院本科生第一党支部的支部共建活动。凭借优异的成绩和负责任的态度，她获得了基础院 "优秀共产党员" "优秀党务工作者"、学校 "优秀研究生干部" 等多个称号。不仅如此，马翠苹还经常参加实践活动，在多个晚会中担任主持人。

谈到当主持人的经历，马翠苹浅笑了一下："我原本有点害羞，可这就是主持人必须克服的难题，在我一遍一遍修改串词、一遍一遍努力练习后，站上舞台接受大家的瞩目那一瞬间，我感觉很有成就感。"

当面对成堆的工作时，要学会从每一件事中找到获得感，这是马翠苹一直信奉的真理。她将繁杂的学生工作、实践活动都看成是丰富生活的一种方式，相信只要认真完成每一件事就能从中得到成就感和获得感，这是非常有趣且重要的。当然，她也确实得到了。

敢于相信自己拥有无限的潜能

2019 年 9 月，马翠苹和另一位老师在毛里求斯参与了一场大型国际学术会议的组织工作。短短的两天时间里在陌生的国度找到合适的餐厅、布置会场、确认参会人员到场情况，对首次出国的她是一种考验，也是一种挑战。对于这段经历，马翠苹感慨颇深："在这次活动中我学到了很多，不仅是学术知识、用餐礼仪、当地文化风俗等，更重要的是知道了自己其实拥有无限的潜能。"谈起此事，马翠苹没有过多地"诉苦"，反而略带调侃地笑着问记者："这些事情我现在用语言表达是不是显得有些枯燥？"

异国他乡的挑战让她有了去征服挑战的信心和勇气，也更加坚定了她读博的决心。今年 5 月，马翠苹通过了学院"硕博连读"考核复试，继续攻读博士学位。寻求更多、更独立的学习机会是她选择继续读博的原因。"在硕士阶段的科研还有学长、学姐的帮助，而到了博士阶段，我希望能进一步提高自己独立思考、独立科研的能力。"

"乐观、坚持、努力"是马翠苹对自己的评价。这几个特点在她进行专利写作中体现得淋漓尽致。第一稿被称为"不知所云"，甚至出现错别字等基础性错误，直到第四稿才算"入门了"。马翠苹表示："要学会交流，更要把基础打好，在师兄第二次给我讲解专利原理的时候我才明白连基本的方向都没弄清楚，这样是肯定做不出来的。"力争做到最好的心理让她继续潜心钻研专利的写作，在第七稿时专利申请成功，给了自己一个圆满的结果。

"不打没把握的仗，做任何事都付出全部努力"是马翠苹给学弟学妹的寄语，她相信在专业学习、科研实验中可能会遇到许多意想不到的困难，只要凡事都付出百分之一百的努力，一步一阶梯走稳每一步，结果必然不会太坏。

个人简介：

马翠苹，女，1996 年 3 月生。基础与前沿研究院材料科学与工程专业 2024 届博士毕业生（导师：王志明教授）。目前以第一作者在国际期刊（中科院一区）*ACS Nano*、*Advanced Optical Materials*、*Photonics Research* 上共发表研究性论文 4 篇，已授权发明专利 1 项。

5

第五章　团队风采

基础与前沿研究院
Institute of Fundamental and Frontier Sciences

⊙ 铢"量"寸度　　"信"手拈来

——信息与量子实验室

　　信息与量子实验室成立于 2017 年 4 月，由中国科学院院士郭光灿教授指导，国家级青年人才周强教授负责建设，隶属于电子科技大学量子信息研究中心，骨干科研人员参与量子物理与光量子信息教育部重点实验室建设。团队现有双聘院士 1 名、兼聘国家级高层次人才 2 名、国家级青年人才 1 名、培养博士后 6 名（在站 1 名、出站 5 名）、在培研究生 30 余名。

　　近年来，团队瞄准量子互联网未来产业发展，致力于量子信息综合系统的研发，先后承担国家重点研发青年科学家项目、国家"量子通信与量子计算机"2030 项目子任务和四川"量子研究"专项等国家/省部级重大重点项目 10 余项。2023 年 9 月，团队入驻天府绛溪实验室，负责建设"量子互联网前沿研究中心"。团队获中国发明协会第十三届发明创业奖人物奖 1 项、2023 年中国产学研合作创新奖 1 项、2023 中国光学十大进展提名奖 1 项。团队研究成果得到四川省委省政府、科技日报、四川日报、四川电视台等广泛关注和报道。

代表性研究成果

1. 量子互联网系统平台

建成"银杏一号"城域量子互联网研究平台，首次完成"赫兹速率"城域量子隐形传态的实验验证，核心指标与美国加州理工团队同比达到国际领先水平，研究成果发表在 *Light*：*Science & Applications* 等高水平学术期刊上，申请（授权）发明专利3项。

[1] Hertz－rate metropolitan quantum teleportation. *Light*：*Science & Applications*, 2023，12（1）：115.

[2] Effect of dispersion on indistinguishability between single－photon wave－packets. *Photonics Research*，2021，9（6）：1134－1143.

2. 量子互联网关键器件

研制出光通信波段高性能量子纠缠光源、固态量子存储芯片、氮化镓量子光源芯片、量子随机数器件等多个关键核心器件，填补相关领域空白，创下多个国际首次，研究成果发表在 *Science Advances*、*Physical Review Letters* 上，授权（申请）发明专利10项。

[1] Quantum Light Generation Based on GaN Microring toward Fully On－Chip Source［J］. *Physical Review Letters*，2024，132（13）：133603.

[2] Telecom－band－integrated multimode photonic quantum memory. *Science Advances*，2023，9（28）：*eadf*4587.

3. 量子互联网应用技术

研制出量子探测光时域反射仪、高性能量子纠缠光源样机等应用技术并实现阶段性成果转化，打破国外在量子探测光时域反射仪方面的技术垄断1项，研究成果发表在 *Journal of Lightwave Technology*、*Optics Letters* 上，授权（申请）发明专利6项，在华为、中国移动、中航611所、中科院光电所等开展多个应用场景验证示范。

[1] Dense temporally multiplexed fiber bragg grating sensing based on single－photon detection. *Journal of Lightwave Technology*，2022，40（13）：4458－4466.

[2] High dynamic range externally time－gated photon counting optical time－domain reflectometry. *Journal of Lightwave Technology*，2019，37（23）：5899－5906.

⊙ 光 "量" 未来
——量子物理与工程实验室

　　量子物理与工程实验室成立于 2018 年 2 月，隶属于电子科技大学量子信息研究中心、量子物理与光量子信息教育部重点实验室，由中国科学院院士郭光灿教授指导、国家级青年人才邓光伟教授领衔，现有博士后 2 名、博士研究生 7 名、硕士研究生 5 名、本科生 4 名、科研助理 1 名。

　　国家重大需求是我们的努力方向：团队承担各类科研项目 10 余项，包括国家重点研发计划青年科学家项目 1 项、国家自然科学基金委重大研究计划/面上/青年各 1 项、某部委重点项目课题 1 项、国家 2030 重大项目骨干任务 1 项，承担学校学科平台"固态量子精密测量"的建设任务。

　　高质量科研育人是我们的培养目标：团队师生共同追求的理念是："坚持不懈，追求真理；勇于探索，品味科学。"团队坚持以德育人、以德治研，全力为学生营造奋进创新、平等交流、自由探索的科研氛围。

代表性研究成果

1. 声学量子态探测技术

在国内率先利用机械模式制备了平均热声子数小于1的声学量子态,为进一步利用机械模式实现超越标准量子极限的量子精密测量、量子换能器奠定了基础。相关成果获得国家重点研发计划青年项目的支持。

[1]一维光声晶体微腔中实现声学量子态探测的关键技术,成电学报,2023,52,322.

[2]A perspective on quantum entanglement in optomechanical systems, *Physics Letters A*, 2022, 429, 127966.

2. 机械模式原位调控技术

研究了纳米机械振子原位电调控、热调控机理和技术,发现了室温机械模式声子激射的新方法,研究了原位焦耳热对机械振子非线性的影响。这些技术为机械模式的模式耦合、非线性机理等方面的研究提供了新的研究思路。

[1]Phonon lasing with an atomic thin membrane resonator at room temperature. *Optics Express*, 2021, 29 (11), 16241 – 16248.

[2]Tuning the nonlinearity of graphene mechanical resonators by Joule heating, *Journal of Physics*: *Condensed Matter*, 2022, 34 (37), 374004.

3. 机械模式精密测量应用

基于耦合机械振子,发展了一种新型的原位可调辐射热计;开发了一种新型的基于铬磷硫二维条带的纳米机械振子,其具有高频、原位可调以及模式单一的特性,团队还在开发基于量子光场与机械振子相互作用的系列关键技术,为纳米机械振子在惯性、红外、生物传感等方面的精密测量应用开拓新的方向。

[1]A gate – tunable bolometer based on strongly – coupled graphene mechanical resonators, *Optics Letters*, 2023, 48 (1), 81 – 84.

[2]Very high – frequency, gate – tunable CrPS4 nanomechanical resonator with single mode, *Optics Letters*, 2023, 48 (10), 2571 – 2574.

◉ 你要永远相信光!
——交叉学科材料与器件团队

　　交叉学科材料与器件（IMD）团队成立于2014年6月，由中国科学院徐红星院士、国家级领军人才王志明教授领衔，现有正高级职称7名、讲座/讲席教授2名、副高级职称5名、博士后14名、博士研究生42名、硕士研究生34名、科研助理4名。

　　国际化是我们的闪亮名片：团队有全职外籍教师4人，海外导师11人，与欧洲、北美、新加坡、澳大利亚等地的十余所高校和研究机构建立了长期深度的合作关系，支持团队研究生、博士后开展广泛的国际学术交流。

　　交叉性是我们的实力源头：团队承担各类国家级/省部级科研项目20余项，包括国家重点研发计划重点专项4项、国家自然科学基金项目7项、四川省科技计划项目4项、国家外国专家局国际合作项目10余项等，年均科研到款逾1000万。

　　卓越是我们的培养目标：团队为培养研究生的学术能力提供一站式服务，助力学生完成优秀-杰出-卓越的蜕变，已培养出全国高校"百名研究生党员标兵"1

人、四川省优秀毕业生 2 人、"成电杰出学生"（研究生）4 人、电子科技大学年度人物 2 人。

代表性研究成果

1. 光驱动热磁对流

经典的特斯拉热磁发动机使用固体磁轮将热能转化为机械能，而铁磁流体中的热磁对流仍然难以观察，因为它是发生在封闭空间中的体积对流。本工作利用水基铁磁流体，演示了液体特斯拉热磁发动机，并报道了在自由表面上观察到的热磁对流。这两种类型的流体运动都是由光驱动的，不仅揭示了铁磁流体的独特性质，还为研究复杂流体动力学和热磁对流提供了一个新的平台，并为光控流体驱动和软体机器人技术开辟了新的道路。

[1] Spinning a Liquid Wheel and Driving Surface Thermomagnetic Convection with Light; *Advanced Materials*, 2306756, 2023（JCR 1 区）.

2. 高 Q 因子谐振腔

连续体中的非辐射束缚态（BICs）允许构建具有受限电磁能量和高质量（Q）因子的谐振腔。然而，动量空间中 Q 因子的急剧衰减限制了它们在器件中的应用。本工作展示了一种通过工程布里渊区折叠诱导的 BICs（BZF－BICs）来实现可持续超高 Q 因子的方法。与传统的 BICs 不同，BZF－BICs 在整个动量空间中表现出 Q 因子的扰动依赖性显著增强，为基于 BZF－BIC 的硅超表面腔提供了一条独特的设计路径，在太赫兹器件、非线性光学、量子计算和光子集成电路中具有潜在应用。

[1] Brillouin zone folding driven bound states in the continuum; *Nature Communications*, 14, 2811, 2023（JCR 1 区）.

3. 新型热电材料

空位介导的反常输运性质赋予了固体材料优异的光电、铁电和自旋电行为。本工作揭示了空位在调控新型热电材料缺陷 n 型 ZrNiBi 的传输特性方面具有多功能性，其声子动力学过程由传播速度和弛豫时间介导：空位诱导的局部软键降低了声子速度，而空位诱导的声光声子耦合、各向异性振动和点缺陷散射缩短了弛豫时间。该发现不仅证明了一种有前途的热电材料，还促进了多学科共同探索空位介导的异常输运特性。

[1] Vacancy－mediated anomalous phononic and electronic transport in defective half－Heusler ZrNiBi; *Nature Communications*, 14, 4722, 2023（JCR 1 区）.

⊙ 薪火相传　筑梦绿能
——碳中和与环境能源新技术研究中心

　　碳中和与环境能源新技术研究中心成立于 2018 年 12 月，由国家杰出青年科学基金获得者董帆教授领衔，现有正高级职称 3 名、副高级职称 2 名、博士后 6 名，博士/硕士研究生 40 余名。

　　中心目前承担包括国家重点研发计划、国家自然科学基金、国际合作、省级重大/重点等项目 20 余项，科研经费 2000 余万元。在 *PNAS*、*Nature Communications*、*Angewandte Chemie*、*Energy Environmental Science*、*Environmental Science & Technology*（*Letters*）、*ACS Nano*、*ACS Catalysis* 等期刊发表 SCI 论文 200 余篇。获中国发明专利授权 30 余项。

代表性研究成果

　　1. 氮氧化物净化及资源化

　　氮循环是物质循环的重要组成部分。利用绿色的光/电催化，将排放的氮氧化物转化为氨，这项技术具有环保意义。基于还原－氧化反应同时发生的催化本质，建立了多污染物氧化还原协同转化方法，实现了氮氧化物与二氧化硫、甲醛等污染物的同步净化及资源化，提升能量利用效率，并提出了氧化反应调控还原效率与选择性的概念。此外，首次开发了连续化学吸收和光催化还原耦合的氮氧化物室温资源化新路线，强化氮氧化物跨介质高效传输，实现其高转化率、高选择性合成氨。

[1]Promoting the efficiency and selectivity of NO_3 – to – NH_3 reduction on Cu – O – Ti active sites via preferential glycol oxidation with holes. *PNAS*, 2023, 120, e2312550120.

[2]Subnanometric alkaline – earth oxide clusters for sustainable nitrate to ammonia photosynthesis. Nat. *Commun.*, 2022, 13, 1098.

[3]Dynamic in situ formation of Cu_2O sub – nanoclusters through photoinduced pseudo – Fehling's reaction for selective and efficient nitrate – to – ammonia photosynthesis. *Angew. Chem.* Int. Ed., 2024, 63, e202317575.

[4]Coupling electrocatalytic cathodic nitrate reduction with anodic formaldehyde oxidation at ultra – low potential over Cu_2O. *Energy Environ. Sci.*, 2023, 16, 2696.

[5]Beyond purification：highly efficient and selective conversion of NO into ammonia by coupling continuous absorption and photoreduction under ambient conditions. *Environ. Sci. Technol.*, 2023, 57, 5445.

2. CO_2 光/电催化还原

通过各项合成策略，构建了一系列具有高效光/电 CO_2 还原性能的催化剂。调节表面活性位点暴露，用于探究表面活性位点对催化剂光/电还原 CO_2 性能的调控机理，精确地揭示表面原子关联活性位点的结构。进一步调节催化剂配体反应物和中间体的表面分子构型，可以有效地降低光/电催化还原 CO_2 反应中的速控步骤的能垒，从而实现光/电催化性能的提升。这一系列工作揭示了表面活性位点在提升光/电催化 CO_2 还原性能中的关键作用，为环境友好的光/电催化 CO_2 还原提供了新的机会。

[1]Boosted C – C coupling with Cu – Ag alloy sub – nanoclusters for CO_2 – to – C_2H_4 photosynthesis. *PNAS*, 2023, 120, e2307320120.

[2]In situ fabrication of atomically adjacent dual – vacancy sites for nearly 100% selective CH4 production. *PNAS*, 2024, 121, e2322107121.

[3]The crystal plane is not the key factor for CO_2 – to – methane electrosynthesis on reconstructed Cu_2O microparticles. *Angew. Chem. Int. Ed.*, 2022, 61, e202114080.

［4］Frustrated lewis pair sites boosting CO_2 photoreduction on Cs_2CuBr_4 Perovskite quantum dots. *ACS Catal.*, 2022, 12, 2915.

［5］Identification of halogen－associated active sites on bismuth－based perovskite quantum dots for efficient and selective CO_2－to－CO photoreduction. *ACS Nano*, 2020, 14, 13103.

3. 伴有催化过程的大气光化学

首次报道了在可见光照射下表面硝酸盐的快速光催化分解，同时还阐明了引发表面硝酸盐光化学转化的关键条件和相应途径。结合原位漫反射红外傅里叶变换光谱研究了表面硝酸盐的光催化分解过程，实时监测了反应过程中表面硝酸盐和含氮化合物的变化，利用理论计算从分子角度揭示了反应物之间的相互作用机理，加深了对光化学表面硝酸盐分解转化途径的理解。

［1］Insight into the overlooked photochemical decomposition of atmospheric surface nitrates triggered by visible light. Angew. *Chem. Int. Ed.*, 2022, 61, 43. e202209201.

［2］Photochemical transformation pathways of nitrates from photocatalytic NOx oxidation：implications for controlling secondary pollutants. *Environ. Sci. Technol. Lett.*, 2021, 8, 873.

4. 催化原位表征技术

在实际的催化操作条件下，受外场影响，活性位点会随着催化剂的结构变化而发生动态演变。因此，反应前静态下的表征不能反映工况下的真实活性位点结构。真实活性位点结构与设计结构之间的认知偏差使得识别真实的活性位点以及进一步理解其构效关系极具挑战。通过设计并开发了多种适用于反应条件下的原位手段，快速扫描原位 FT－IR 光谱、原位 EPR 光谱、原位 Raman 光谱等，可同时实现抽真空、加光、通气等功能，研究催化过程中活性位点的动态演变和作用机制。

［1］Insights into dynamic surface bromide sites in $Bi_4O_5Br_2$ for sustainable N_2 photofixation. Angew. *Chem. Int. Ed.*, 2022, e202200937.

［2］Operando identification of dynamic photoexcited oxygen vacancies as true catalytic active sites. *ACS Catal.*, 2023, 13 191.

［3］Photo－switchable oxygen vacancy as the dynamic active site in the photocatalytic NO oxidation reaction. *ACS Catal.*, 2022, 12, 14015.

［4］Light－induced halogen defects as dynamic active sites for CO_2 photoreduction to CO with 100% selectivity. *Sci. Bull.*, 2022, 67, 1137. （封面文章）

5. 智能气体传感系统

通过金属改性的策略，获得了气体传感性能显著提高的金属氧化物材料。结合原位红外光谱和原位拉曼光谱表征技术，揭示了气体传感过程中的表界面反应机制与吸脱附动力学差异，并建立了气固界面相互作用与气体传感特征之间的关联性。进一步结合机器学习算法与气体传感器的测试数据集，实现了高精度区分苯系物同分异构体。

［1］Chemical Discrimination of Benzene Series and Molecular Recognition of the Sensing Process over Ti‑Doped Co_3O_4. *ACS Sensors*, 2022, 7, 1757.

［2］Porous Mn‑doped Co_3O_4 nanosheets: Gas sensing performance and interfacial mechanism investigation with In situ DRIFTS. *Sensors Actuat B‑Chem.*, 2022, 353, 131155.

◉ 塑造表面　赋能未来
——材料表面科学研究中心

材料表面科学研究中心成立于 2015 年 6 月，由国家杰出青年科学基金获得者邓旭教授领衔，现有正高级职称 2 名、副高级职称 2 名、博士后 6 名、博士研究生 10 名、硕士研究生 10 名、本科生 1 名、科研助理 3 名。团队专注于固液界面的浸润机理研究以及功能界面材料的开发与应用。

获奖情况：近三年，团队发表研究论文 40 余篇。以学生为第一作者在 *Nature*、*NSR*、*Nat. Mater.*、*Nat. Communi.*、*Adv. Mater* 等发表论文 17 篇。团队导师获国家杰出青年科学基金（2023，邓旭）、国家级青年人才（2022，王德辉）、中国化学会京博优秀博士论文银奖（2020，邓旭、王德辉）等奖项。学生在读期间获得多项荣誉奖项，包括："成电杰出学生"、电子科技大学优秀博士学位论文、电子科技大学学术新秀奖等。

团队理念：团队秉承思想、学术、实践并重的育人理念，引导学生在科研活动中将个人理想追求和家国事业相结合，促进学生在塑造优秀科研品质的同时，强化其社会主义核心价值观。

代表性研究成果

1. Design of robust superhydrophobic surfaces. (*Nature*, 2020, 582, 55-59)

首次通过去耦合机制将超疏水性和机械稳定性拆分至两种不同的结构尺度，并提出微结构"铠甲"保护超疏水纳米材料免遭摩擦磨损的概念，解决了超疏水材料因机械稳定性不足限制其实际应用的关键问题。

2. Surface charge printing for programmed droplet transport. (*Nature Materials*, 2019, 18, 236)

该成果第一次引入电荷梯度的概念，即表面电荷密度梯度（SCD gradient），通过控制撞击高度的连续变化，打印出具有表面电荷密度梯度的特定路径，进而引导水滴的自推进，成功地实现了不依靠外部能量供给情况下液滴的快速、长程、无损失传输。

3. A standing Leidenfrost drop with Sufi whirling. (*Proceedings of the National Academy of Sciences*, 2023, 120, e2305567120)

该研究发现了一种以前未被识别的稳态，即水滴"站"在光滑的热表面上。在这种状态下，液滴通过部分黏附在热表面而稳定下来导致独特的变形和旋转行为，让人想起苏菲旋转——一种旋转舞蹈。论文通过对这种静止的 Leidenfrost 状态的分析揭示了驱动液滴稳定部分黏附和随后随旋转变形的潜在机制。此外，这种静止状态的传热效率比传统的浮动 Leidenfrost 状态高出 390%。

4. Durable radiative cooling against environmental aging. (*Nature Communications*, 2022, 13, 4805)

该研究开发了一种耐老化的辐射冷却涂料，由氟化二氧化钛纳米颗粒通过蒸发驱动的组装形成的多孔结构。这种涂料具有高的太阳光反射率和长波红外发射率，可以在直射阳光下实现低于环境温度的被动冷却。同时，基于 Cassie-Baxter 模型和非润湿性理论，该涂层可以同时获得极低的表面黏附力，可通过雨水实现自清洁功能。

5. Liquid-Pressure-Guided Superhydrophobic Surfaces with Adaptive Adhesion and Stability. (*Advanced Materials*, 2022, 34, 2202167)

该研究揭示了一种液体压力引导的超疏水表面自适应机制，当对动态环境要求做出反应时，该表面具有可自我调节的固液稳定性和附着力。可以预见，具有动态抗渗透能力的液体压力引导的超疏水表面的设计策略，可以刺激在复杂润湿条件下稳定超疏水性的发展。

⊙ 平凡的团队
——先进纳米器件研究团队

　　先进纳米器件团队成立于 2016 年 7 月，由国家杰出青年科学基金获得者王曾晖教授领衔，现有正高级职称 2 名、副高级职称 1 名、博士后 4 名、博士研究生 10 名、硕士研究生 6 名。

　　本土化是我们的闪亮名片：两位导师回国后扎根本土，亲力亲为手把手培养学生。在全本土培养下，博士毕业进入高校工作比例为 100%，博士研究生毕业时发表 4 篇以上高水平期刊论文并获得多项国际学术奖项。

　　专注性是我们的实力源头：团队专注于自身特点，目前承担国家自然科学基金项目包括国家杰青项目、原创探索计划项目、联合基金重点项目、面上项目、青年科学基金项目等。所有博士后均主持国家自然科学基金和中国博士后科学基金项目。

甘于平凡是我们的人才培养目标：团队着重培养学生长期从事学术工作的科研能力，强调科研习惯和品位的积累，注重挫折教育和坚韧不拔科研精神的训练，以慢工出细活的方式培养甘于平凡、坐得住冷板凳、兼具爆发力和耐力的后发型科研苗子。

代表性研究成果

1. 高压材料物理

本工作在成功获得层间强耦合 WSe_2 – $MoSe_2$ 二维范德瓦尔斯异质结的基础上，利用其层间距离可由外界压强高效调控的特点，采用 DAC 装置成功实现了高压下微观结构和物理特性的原位调控。研究者通过实验观察到了这类二维异质结的层间激子行为在一万个大气压（1 GPa）附近发生的显著变化，并通过理论计算该二维异质结在不同压强下的电子能带结构，成功地解释了这一独特的突变现象。本工作利用 DAC 技术所提供的超高压强成功实现了对二维异质结中层间强耦合作用的高效调控，有助于进一步推动基于这类二维范德瓦尔斯异质结的新型激子型器件研究，为未来此类新型信息器件的探索和应用提供了新的思路。

[1] Strong coupling and pressure engineering in WSe_2 – $MoSe_2$ heterobilayers, *Nature Physics*, 2021, 17, 92.

2. 纳米机电器件

纳米机械谐振器是一类极具特色的纳米器件。通过发掘和调控纳米材料和纳米结构中的机械自由度，此类器件具有一系列异常优异的特性，并在基础研究和潜在应用中都展现出巨大的潜力。例如，利用纳米机械谐振器，科学家们已经实现了分辨率达 10^{-24} g（相当于单个质子质量）的超精密质量传感，以及纳米尺寸的射频信号滤波、解调和混频器件。在过去的十余年间，随着一维和二维材料的发展而出现的原子级尺寸的纳米机械谐振器研究，在全世界都得到了长足发展，并作为一个高度交叉的研究领域吸引了来自物理、材料、化学、机械、电子信息等各个学科的研究者，诞生了一大批重要的成果。与此同时，由于这一领域深度涉及了多个学科的知识体系，迄今为止仍然鲜有兼具深度、广度和权威性，同时又适合各相关领域学者参考的综述文献。针对该研究领域的这一情况，电子科技大学的王曾晖教授牵头组织了来自亚洲、欧洲、美洲十余个科研单位的研究者，历时一年七个月，完成了长达三万四千余英文单词的权威综述。

[1] Nanomechanical resonators: toward atomic scale, *ACS Nano* 16, 15545, 2022.

⊙ 让生命可以计算
——生物信息学团队

生物信息学团队成立于 2018 年 10 月，由国家杰出青年科学基金获得者邹权教授领衔，现有正高级职称 1 名、副高级职称 2 名、博士后 6 名、博士研究生 5 名、硕士研究生 10 名、科研助理 2 名。

团队有全职外籍教师 1 人，与日本、韩国、沙特、新加坡、澳大利亚等地的多所高校和研究机构建立了长期深度的合作关系，支持学生开展广泛的国际学术交流。

团队目前承担各类科研项目 10 余项，包括科技部科技创新 2030 重大项目以及国家自然科学基金优青/重点/原创探索/面上/青年等项目，年均科研到款逾200 万。

团队为学生的学术能力培养提供一站式服务。通过初期系统性科研培训、中期导师团联合培养、后期精英式项目挑战，全面提高学生的学术创新能力及个人素质，助力学生完成优秀——杰出——卓越的蜕变。

代表性研究成果

1. 多序列比对

多序列比对是指在序列的字母间插入空格，使得多条序列一样长且尽量相似，如图 1 所示。多序列比对问题是构建进化树的基础操作，可以从全局的角度查看不同序列之间的差异。该问题是生物信息学领域最原初的研究课题，由于基础且很难解决，被称为生物信息中的"终极圣杯"（Holy Grail）。多序列比对研究进入了瓶颈阶段，近10年一直没有突破性进展，其中计算时间空间复杂性高是最主要的困难。

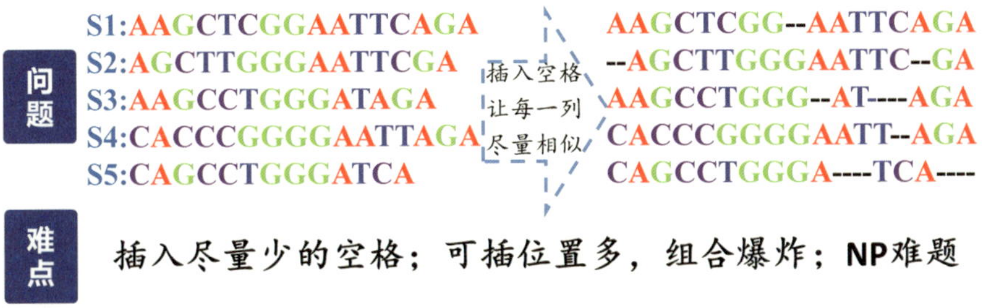

图1　多序列比对示意图

团队多年来深耕于多序列比对问题。提出了针对DNA和蛋白质序列的差异化解决方案，相关成果获得了2019年国家自然科学基金优秀青年科学基金项目的资助。目前，团队研发的多序列比对软件HAlign3.0在处理相似DNA序列时，在速度和内存消耗上均达世界领先水平，在应用于新冠病毒序列的多序列比对中，我们可以对百万条新冠病毒进行比对，而其他软件仅能比对不超过100条。相关的成果还在整理和投稿中。

多序列比对是许多生物信息学问题的基础操作，团队使用先进算法提高了速度和处理规模，因此也可以以此为核心，衍生解决多个生物信息学问题。比如，以比对为技术核心进行生物序列分类，提出了全新的方法"支持生物序列机"获得了2022年国家自然科学基金原创探索计划项目的资助。

2. 单细胞测序数据分析

单细胞测序是近年来测序技术里程碑式的发明。传统的测序技术对不同表型的样本进行测序，形成"基因－表型"二维矩阵，由于只从数据和统计学角度进行分析，无法从生命科学角度解释机理，被称为"基因算命"。单细胞测序技术使原来的"基因－表型"二维矩阵扩展到"基因－细胞－表型"三维矩阵，使得研究者可以借助显微镜肉眼观察到相关细胞的变化，进而解释基因导致表型差异的细胞机理。

在单细胞数据的研究方面，团队瞄准单细胞RNA测序数据分析的难点，提出利用深度迁移学习融合体细胞混合测序数据知识，整合规范和研发质量控制与数据校正的关键技术，利用空间信息构建细胞通信网络，从数据和信息角度理解细胞通信机制。最后，将提出的方法应用于多种癌症单细胞测序数据分析，建立统一、规范的单细胞数据分析理解流程和系统。相关数据分析方法获得了2021年国家自然科学基金重点项目的资助。

⊙ 与 "菌" 共勉
——软物质与生物技术团队

　　软物质与生物技术团队成立于 2021 年 10 月，由国家级领军人才赵坤教授领衔，现有正高级职称 1 名、博士后 2 名、博士研究生 3 名、硕士研究生 5 名、科研助理 1 名。团队聚焦于介观尺度上的物理、生物以及材料工程交叉方向，利用先进的光学显微技术、粒子追踪技术以及基因操控技术等研究复杂系统的自组织行为。

　　目前研究的典型复杂系统包括由胶体颗粒组成的热力学系统和由细菌组成的微生物系统。团队研究目标是希望通过对典型复杂系统的研究，理解并操控其行为，并为在功能性材料制备、细菌感染防治、环境修复等相关领域应用提供实验基础和技术支持。目前，已初步建成一支由物理、化学、微生物以及工程等不同学科背景成员组成的多学科交叉研究队伍，并与美国的 University of California Los Angeles、New York University，英国的 University of Oxford、University of Cambridge 以及日本筑波大学等多所大学相关课题组保持长期合作关系。

代表性研究成果

　1. 生物医学工程

　　主要开展了基于细菌识别和追踪的细菌行为及其与环境的互作研究。代表性成果包括发展完善了细菌识别和追踪的显微技术；发现了铜绿假单胞菌表面自组织运动的新机制，揭示了 Psl 多糖在细菌自组织中的作用；阐释了一种细菌"表面感知"的新机制。

[1]Psl trails guide exploration and microcolony formation in Pseudomonas aeruginosa biofilms, *Nature*, 2013, 497, 388 - 391.

[2]Multigenerational memory and adaptive adhesion in early bacterial biofilm communities, *Proc. Natl. Acad. Sci. USA*, 2018, 115, 4471 - 4476.

[3]Microdroplet - Based In Situ Characterization Of The Dynamic Evolution Of Amorphous Calcium Carbonate during Microbially Induced Calcium Carbonate Precipitation, *Environ. Sci. Technol.*, 2022, 56, 11017 - 11026.

2. 软物质

主要开展了颗粒形状对于软物质体系自组织的影响研究。代表性成果包括从实验和理论上系统地研究了具有不同形状的胶体颗粒组成的二维系统的自组织行为，在二维非球形胶体系统中发现了新的晶体结构、揭示了新的相行为和新的玻璃态形成机制。

[1]Emergent tetratic order in crowded systems of rotationally asymmetric hard kite particles, *Nat Commun*, 2020, 11, 2064.

[2]Vibrational modes and dynamic heterogeneity in a near - equilibrium 2D glass of colloidal kites, *Phys. Rev. Lett.*, 2018, 121, 228003.

[3]Shape - designed frustration by local polymorphism in a near - equilibrium colloidal glass, *Proc. Natl. Acad. Sci. USA*, 2015, 112, 12063 - 12068.

◉ 软材料的 "七十二变"
——动态软物质团队

　　动态软物质团队成立于2016年3月，由国家级青年人才崔家喜教授领衔，现有正高级职称1名、副高级职称2名、中级职称1名、博士后7名、博士研究生5名，硕士研究生4名。

　　团队目前承担各类科研项目10余项，国家自然科学基金委面上/青年项目4项、博士后面上项目2项，获湖南省自然科学二等奖。在 *Nature Materials*、*Nature Communications*、*Advanced Materials*、*JACS*、*Angewandte Chemie International Edition* 等国际著名期刊发表学术论文100多篇。研究成果多次受到国内外专家和各科学媒体（Wiley、ChemView、MRS、Phys 等）以及电视台（创业英雄汇 – CCTV – 2）的竞相报道与高度评价。发展的特种系列涂层（超滑、隔热降温）研究工作不仅是学术领域开创性和引领性的工作，而且也受到商业界关注。

代表性研究成果

1. 交联聚合物的自生长

国际上最早进行交联聚合物自生长研究的课题组之一，首次构建"溶胀－迁移－聚合－链交换"循环生长策略，实现交联聚合物的连续自生长。通过连续自生长策略，原位改变成型交联聚合物尺寸、形状和力学性能等。结合光引发聚合、结构色，实现交联聚合物材料的成分、形貌、力学和光学性能的局部可控调节。利用化学平衡反应，不仅能让聚合物连续自生长，而且能不断地逆生长。

［1］Reversibly growing crosslinked polymers with programmable sizes and properties；*Nature Communications*，2023，14，3302.

［2］Self－growing photonic composites with programmable colors and mechanical properties；*Nature Communications*，2022，13，7823.

2. "冬暖夏凉"辐射制冷膜

首次利用动态多孔薄膜来将太阳能采暖与太阳光反射以及辐射冷却两种功能结合起来，从而实现节能环保的冬暖夏凉的智能转换。该动态多孔有机硅薄膜在特定的刺激下可以在透明的实体状态（透过太阳光）与反光的多孔状态（反射太阳光）之间转换。将此智能薄膜与具有光热功能的含炭黑颗粒（CBP）有机硅胶涂层相结合，可制备的可控加热制冷双功能涂料。

［1］Switchable Cavitation in Silicone Coatings for Energy－Saving Cooling and Heating；*Advanced Materials*，2020，32，2000870.

3. 自分泌超滑功能薄膜

受人体分泌和蚯蚓自润滑功能的启发，提出了液体在动态交联聚合物中的自我平衡机制，设计出能在吸收/释放过程中一直处于饱和溶胀状态的有机凝胶材料，为实现长效界面润滑提供了切实可行的新方法。利用此新方法，开发了系列防污抗冰商业涂层。

［1］Earthworm－inspired rough polymer coatings with self－replenishing lubrication for adaptive friction－reduction and antifouling surfaces；*Advanced Materials*，2018，30，1802141－1802146.

［2］Dynamic polymer systems with self－regulated secretion for the control of surface properties and material healing；*Nature Materials*，2015，14，790－795.

⊙ 阳光成电

——光电材料与器件研究中心

　　光电材料与器件研究中心成立于 2016 年 7 月，由国家级青年人才李严波教授领衔，现有正高级职称 1 名、副高级职称 1 名、博士后 1 名、博士研究生 4 名、硕士研究生 7 名、科研助理 1 名。团队主要围绕光电催化分解水制氢开展研究，以第一/通讯作者在 *Nature Catalysis*、*Nature Communications*、*Angewandte Chemie*、*Energy & Environmental Science* 等期刊发表论文 30 余篇，受邀撰写光电催化水分解相关学术专著（Elsevier）2 章。

　　团队承担各类科研项目 10 余项，包括国家重点研发计划"高效稳定太阳能光电催化分解水制氢"项目课题 1 项、国家自然科学基金委面上/青年项目 3 项、四川省科技厅/成都市科技局项目 2 项等。团队成员曾获全国太阳能光化学与光催化学术会议"青年科学家奖"（中国可再生能源学会光化学专委会）、京博科技奖 – 化学化工与材料京博优秀博士论文奖（中国化学会）、国家博士后创新人才支持计划等。

代表性研究成果

光电催化（PEC）分解水可实现太阳能直接制取绿氢，是助力实现"双碳"目标的重要途径之一。其中，涉及四电子转移的析氧反应是制约 PEC 分解水系统制氢效率的关键因素。氮化钽（Ta_3N_5）因其宽可见光吸收范围和合适的能带位置，是最理想的析氧光阳极材料之一，但其效率仍受体相电荷分离能力差、界面电荷提取效率低、表面析氧动力学缓慢等因素的制约。针对上述关键问题，我们通过构筑梯度能带结构提升体相光生电荷分离能力（代表作 1、2）、通过界面修饰选择性电荷传输层提升界面电荷提取效率（代表作 3）、通过沉积自修复析氧助催化剂加速表面水氧化动力学（代表作 4、5），逐步提升了 Ta_3N_5 光阳极的太阳能－氢能转化效率的世界纪录值，最高效率超过 4%，为构建高效无偏压 PEC 全分解水系统奠定了坚实的基础。

[1] Band structure engineering and defect control of Ta_3N_5 for efficient photoelectrochemical water oxidation, *Nat. Catal.*, 2020, 3, 932 – 940.

[2] Decoupling light absorption and carrier transport via heterogeneous doping in Ta_3N_5 thin film photoanode, *Nat. Common.*, 2022, 13, 7769.

[3] Interface engineering of Ta_3N_5 thin film photoanode for highly efficient photoelectrochemical water splitting, *Nat. Common.*, 2022, 13, 729.

[4] A self – healing catalyst for electrocatalytic and photoelectrochemical oxygen evolution in highly alkaline conditions, *Nat. Common.*, 2021, 12, 5980.

[5] Direct detection of Fe^{VI} water oxidation intermediates in an aqueous solution, *Angew. Chem. Int. Ed*, 2023, 62, e202218738.

⦿ 分子引擎　催化未来
——分子电化学团队

　　分子电化学团队成立于 2017 年 6 月，由国家级青年人才崔春华教授领衔，现有高级职称 2 名、博士后 1 名、博士研究生 6 名、硕士研究生 5 名、科研助理 1 名。团队致力于动态自适应催化体系、发展原位谱学、水溶液化学方面的研究。

　　团队通过模型催化剂结合原位谱学解决小分子转化相关的科学问题。从分子和原子层次探索化学反应本源。团队承担国家自然科学基金面上项目多项、科技部课题多项。成立以来已在 *Nature Commun.* 、*J. Am. Chem. Soc.* 、*Angew. Chem. Int. Ed.* 、*ACS Energy Lett.* 、*ACS Catal.* 等国际著名期刊上发表多篇学术论文。

　　团队秉承严谨务实的科研态度，以实践为导向，坚持以人为本的思想观念，不断探索高效、安全的实验室管理模式，力求建设一支激情创新、开放合作、勇拼上进的队伍。实验室曾连续两年被评为基础院优秀安全管理团队，培养多名学术新秀、国奖人才。

代表性研究成果

　　团队提出了"可再生催化剂"概念，发现了可再生 Cu + 二氧化碳催化剂位点的可再生机制；揭示了 Co - 基水氧化催化剂高价位点的可再生策略。为理解催化位点的激活、动态稳定和结构－催化活性关系提供了一种新的研究思路。

［1］Self－adaptive amorphous CoOxCly electrocatalyst for sustainable chlorine evolution in acidic brine. *Nature Communications*，2023，5356.

［2］Non－covalent ligand－oxide interaction promotes oxygen evolution. *Nature Communications*，2023，997.

［3］Hydroxyl radicals dominate reoxidation of oxide－derived Cu in electrochemical CO_2 reduction. *Nature Communications*，2022，3694.

⊙ 探秘量子 解码物理
——物理量子信息团队

　　物理量子信息团队成立于 2017 年 12 月，由国家级青年人才 Abolfazl Bayat 教授领衔，现有正高级职称 1 名、副高级职称 1 名、博士后 4 名、博士研究生 4 名、硕士研究生 2 名、科研助理 1 名。

　　团队成员来自中国、英国、巴西、智利、伊朗、印度、巴基斯坦等 7 个国家，承担了重大研究计划培育项目等国家自然科学基金 5 项、科技部外国专家项目 2 项，研究成果发表在 *Physical Review Letters*、*Nature Communications*、*Quantum* 等国际高水平期刊。团队大力服务民族企业，与华为公司在开发量子软件方面达成了长期深度合作，优化了华为量子软件 MindQuantum 变分量子模拟的性能，目前已应用于北京量子信息科学研究院真实模拟器的测试操作。

　　团队全面拓展学术联系，已与全球量子信息领域的 22 名知名教授及其团队开展科研合作，包括中国科学技术大学潘建伟、朱晓波教授团队、英国伦敦大学学院 Sougato Bose 教授团队等，邀请来自英国、意大利、瑞典、日本等多个国家的科研专家进行学术交流和合作，在华组织国际学术会议，为国际合作交流持续贡献。

代表性研究成果

我们的研究发现，对量子多体探针中的单个量子比特进行一系列的测量（序列测量）及在测量间隔进行量子态自由演化的传感协议，具有超越经典传感器的探测能力。

［1］Stark localization as a resource for weak－field sensing with super－Heisenberg precision. *Physical Review Letters*, 2023.

［2］Sequential measurements for quantum－enhanced magnetometry in spin chain probes. *Physical Review Letters*, 2022.

［3］Driving enhanced quantum sensing in partially accessible many－body systems. *Physical Review Letters*, 2021.

［4］Measurement quench in many－body systems. *Physical Review Letters*, 2018.

⊙ 不负韶"光" "感"为人先
——光电探测与传感团队

$$-2 \leq \langle a_0 b_0 \rangle + \langle a_0 b_1 \rangle + \langle a_1 b_0 \rangle \langle a_1 b_1 \rangle \leq$$

$$\hbar = 0.0000000000000000000000000000000001054571817646157 J \cdot s$$

　　光电探测与传感团队成立于 2018 年 10 月，由国家级青年人才巫江教授领衔，现有正高级职称 2 名、副高级职称 3 名、博士后 4 名、博士研究生 8 名、硕士研究生 11 名、本科生 2 名、科研助理 2 名。团队围绕后摩尔时代光电融合需求，聚焦化合物半导体光电材料和器件开展应用基础研究。

　　近三年，团队主持承担国家重点研发计划项目课题、国家自然科学基金委项目等 10 余项。在 *Nature Photonics*、*Nature Electronics*、*Nature Communications*、*Light* 等学术期刊上发表学术论文 40 余篇。团队荣获英国工程技术学会会士（IET Fellow）（2023，巫江）、川渝优秀科技学术论文一等奖（2023，任翱博、沈凯、巫江）、爱思唯尔中国高被引学者（2023、2022，巫江）、中国科协青年托举人才计划（2022，

第五章
团队风采

任翱博）等荣誉奖项。学生在读期间获得多项荣誉奖项，包括：第十八届"挑战杯"全国大学生课外学术科技作品竞赛"揭榜挂帅"专项赛特等奖、中国国际"互联网＋"大学生创新创业大赛国赛银奖、省赛金奖、四川省优秀毕业生等。

团队理念：团队坚持践行为"党育人、为国育才"的使命，坚持"以德立身、以德立学、以德施教"的行动指南，坚持落实立德树人根本任务，当好新时代"传道授业解惑"的"大先生"。

代表性研究成果

1. 发展了高质量硅基 III－V 量子点生长技术

建立了无应变量子点外延生长动力学模型，发展了高质量高密度量子点外延制备技术，解决了硅基 III－V 直接异质外延难题，首次实现了 InAs/GaAs 量子点光电探测器的硅基单片集成。

［1］Electrically pumped continuous－wave 1. 3－μmInAs/GaAs quantum dot lasers monolithicallygrown on Si substrates；*IET Optoelectron.*，2014，8，20

［2］Electrically pumped continuous－wave III－V quantum dot lasers on silicon；*Nature Photonics*，2016，10，307

2. 提出了基于异质异构薄膜实现高性能硅基 III－V 器件的新方法

提出了系列基于新型异质结构的新型高性能红外光电探测器和高性能垂直腔面发射激光器，实现了工作温度等性能显著提升，成果服务于中电科十所、车载信息服务产业应用联盟等单位重要任务。

［1］High－power，multi－junction，905nm vertical－cavity surface－emitting laser with an AlGaAsSb electron－blocking layer；*Optics Letters.*，2023，48，2142

［2］Vertical－Cavity Surface－Emitting Laser Linewidth Narrowing Enabled by Internal－Cavity Engineering；*IEEE Journal of Quantum Electronics.*

3. 开发了硅基化合物半导体异质集成新工艺

提出外延固溶强化、低温界面失配阵列技术等外延生长技术，解决了晶格大失配异质外延高质量光电薄膜的难题；建立了新型发光材料载流子复合动力学与器件调制带宽的构效关系，开发了百飞焦每比特的超低能耗高速硅基片上光源，成果发表在 *Nature Photonics*、*Nature Electronics* 等期刊。

［1］High－bandwidth perovskite photonic sources on silicon；*Nature Photonics*，2023，17，798.

［2］Emerging light－emitting diodes for next－generation data communications；*Nature Electronics*，2021，4，559.

⊙ 熵描述万物
——信息融合及智能系统团队

信息融合及智能系统团队成立于 2017 年 11 月，由科睿唯安全球高被引科学家邓勇教授领衔，现有正高级职称 1 名、博士研究生 4 名、硕士研究生 9 名、本科研究助理 6 名。团队承担国家自然科学基金委面上项目 2 项。研究课题包括不确定信息的建模，测量与处理，涉及计算机科学、信息科学、统计物理学、量子力学多领域多学科交叉。面向国家重大战略，针对"下一代"可解释可通用的人工智能模型的基础理论展开研究，累计发表高水平 SCI 论文 100 余篇。

团队十分重视学生的成长与发展，取得了卓越成果。已毕业博士毕业生均前往双一流高校任职，多名硕士研究生和本科研究助理前往海内外一流高校深造。截至 2023 年底，团队研究生累计获得国家奖学金 9 人次，省级优秀毕业生 4 人次。

代表性研究成果

1. 不确定信息测量

首次从信息量的角度测量了幂集的物理含义，在不确定信息的测量过程中发现了自相似结构，利用分形维数来建模信息的不确定性。提出了邓熵及其对应的信息量，在信息融合，机器学习和广义不确定信息测量领域获得广泛的应用。相关成果得到国际和国内同行的高度认可。

[1] Uncertainty measure in evidence theory. *Science China Information Sciences*，2020，63（11）：210201.

［2］Information fractal dimension of mass function. *Fractals*, 2022, 30（06）：2250110.

［3］Modeling belief propensity degree：measures of evenness and diversity of belief functions. *IEEE Transactions on Systems，Man，and Cybernetics：Systems*, 2022, 53（5）：2851 –2862.

2. 随机排列集理论

为了探索证据理论中幂集的含义，我们从帕斯卡三角形和组合数的角度提出了幂集的可能解释。这里有一个如果将组合数换成排列数会怎样？为了解决这个问题，我们提出了一种新的集合，命名为随机排列集，它由排列事件空间和排列质量函数组成。某个集合的排列事件空间考虑了该集合的所有排列。排列事件空间的元素称为排列事件。排列质量函数描述的是某个排列事件发生的概率。基于排列事件空间和排列质量函数，随机排列集理论可以被看作是随机有限集基于排列的广义化。

［1］Random permutation set. *International Journal of Computers Communications & Control*, 2022, 17（1）.

［2］The distance of random permutation set. *Information Sciences*, 2023, 628：226 –239.

［3］Conjunctive and disjunctive combination rules in random permutation set theory：A layer –2 belief structure perspective. *Information Fusion*, 2024, 102：102083.

3. 量子电路上的信度函数

信念函数的登普斯特-谢弗理论是人工智能的基础理论，它比概率论更能合理地表示底层知识。由于计算复杂度会随着元素数量的增加而呈指数级增长，信念函数的实际应用场景非常有限。我们将基本信念分配编码成量子叠加态，并提出了它在量子电路上的实现和运算方法。我们降低了量子电路上基本信念分配矩阵演化的计算复杂度。并实现了量子信念函数的实现、基本信念分配的相似性测量、证据组合规则和概率变换。一般地，我们还通过变分量子线性求解器证明了信度函数的矩阵运算在量子计算中的独特优势。

［1］BF – QC：Belief functions on quantum circuits. *Expert Systems with Applications*, 2023, 223：119885.

［2］Quantum algorithm of Dempster rule of combination. *Applied Intelligence*, 2023, 53（8）：8799 –8808.

［3］Variational Quantum Linear Solver – based Combination Rules in Dempster – Shafer Theory. *Information Fusion*, 2024, 102：102070.

⊙ 探求真理　解明现象

——数值计算团队

　　数值计算团队成立于 2019 年 10 月，由国家级青年人才周冠宇教授领衔，现有正高级职称 1 名、博士研究生 5 名、硕士研究生 9 名、科研助理 1 名。团队与东京大学、香港中文大学、香港理工大学建立了长期深度合作关系，支持研究生开展广泛的国际学术交流。团队目前承担国家自然科学基金委面上项目 1 项、四川省自然科学基金面上项目 1 项。

代表性研究成果

　　1. 流体的摩擦型界面的问题

　　摩擦型渗透界面条件可用来模拟粘性流体通过具有阈值渗透率的穿孔膜，只有当膜两侧的应力差高于阈值时，流体才会通过穿孔。这项工作对摩擦型渗透界面条件下的 Stokes/Stokes 耦合流的几种数值方法进行了全面的研究，包括投影、正则化

（或称为惩罚）和域分解方法。

[1]The numerical methods for the coupled fluid flow under the leak interface condition of the friction‐type, *Numer. Math.*, 2023, 153, 729‐773.

2．非线性抛物方程组的线性解耦合方法

针对强非线性抛物系统，将完全显式的两步后向差分格式与波动型二阶稳定项相结合，构造了一种新的时间离散化方法。该方法具有二阶收敛，同时使非线性抛物系统在每个时间步实现线性化和解耦合。

[1]A second‐order stabilization method for linearizing and decoupling nonlinear parabolic systems, *SIAM J. Numer. Anal.*, 2020, 58, 2736‐2763.

3．非牛顿耦合流体方程的数值方法

针对 Stokes 和 Darcy Forchheimer 问题，我们提出了一种交错间断 Galerkin 方法。这种方法可以灵活地应用于高失真网格和多边形网格等粗糙网格，且允许界面上的网格不匹配。我们证明了一个新的离散迹不等式和一个广义 Poincare‐Friedrichs 不等式，使我们能够在合理的正则性假设下证明最优收敛估计。

[1]Staggered DG method for coupling of the Stokes and Darcy‐Forchheimer problems, *SIAM J. Numer. Anal.*, 2021, 59, 1‐31.

⊙ 探秘生命动态规律
——单分子生物团队

　　单分子生物团队成立于 2020 年 5 月，由国家级青年人才樊军教授领衔，现有正高级职称 1 名、博士后 1 名、博士研究生 2 名、硕士研究生 8 名、科研助理 1 名。

　　前沿医工交叉领域是我们的特色标签：团队以深耕前沿科研为己任，与海内外一流高校保持长期合作，凝聚了一支充满激情的研究团队。团队应用单分子力学与超分辨显微成像等手段探索 DNA 修复、转录调控机制、肿瘤早诊早筛与分子功能可视化等关键生命医学难题。

　　交叉创新是我们的研究特色：团队成员来自不同学科背景，具备多学科交叉的研究能力。团队目前承担各类科研项目 8 项，包括国家重点研发计划 1 项、国家自然科学基金面上/青年项目 3 项、四川省自然科学基金 2 项、中央高校医工交叉联合基金等 2 项，年均科研到款逾 200 万。通过团队成员的协同合作，不断突破学科界限，为单分子生物学领域注入新的活力。

卓越发展是我们的追求目标：团队工作一直聚焦于探索生命的奥秘，通过对单分子层面的深入研究揭示生物体内微观过程的运行规律。团队致力于培养卓越的研究人才，为学生提供多种科研机会，全方位提升学生的学术创新潜力和个人素养。

代表性研究成果

1. DNA 修复机制

运用单分子生物技术，研发了单分子移位法、单分子磁镊偶联荧光技术以及单分子"一锅法"等创新性方法。在这一过程中，监测了移位复合物在 DNA 链上的动态滑动过程，发现了关键的修复起始复合物，揭示了与转录耦合相关的 DNA 修复高效机制模型。

[1]Reconstruction of bacterial transcription – coupled repair at single – molecule resolution；*Nature*，2016，536（7615），234 – 7（JCR 1 区）.

2. 转录调控分子机制

运用单分子示踪（tracking – PALM）技术，揭示了转录调控中独特的 RNA 聚合酶簇状分布特征，结合双色共定位成像（two – color imaging）技术，发现了细胞中高度活跃的核糖体 RNA 操纵子基因募集 RNA 聚合酶形成"转录工厂"，深入解析了原核生物独特的转录调控机制。

[1]RNA polymerase redistribution supports growth in E. coli strains with a minimal number of rRNA operons；*Nucleic Acids Research*，2023，51（15），8085 – 8101（JCR 1 区）.

3. 抗自发闪烁干扰的单分子示踪技术

开发了特异光激活荧光蛋白标记高效修复因子方法，通过研发过滤算法，精确分析了荧光信号的定位与轨迹信息，成功实现了耐辐射微生物细胞单分子示踪成像，深入解析了独特的 DNA 修复动态作用机制模型。

[1]Single – molecule tracking of PprI in D. radiodurans without interference of autoblinking，*Frontiers in Microbiology*，2023，14，1256711（JCR 1 区）.

⊙ 柔电蔚电

——柔性供能与集成电子器件团队

　　柔性供能与集成电子器件团队成立于 2021 年 1 月，由国家级青年人才王斌教授领衔，现有博士/硕士研究生近 20 名、科研助理 2 名。

　　团队承担/参与各类科研项目近 30 项，包括国家自然科学基金项目、国家区域重点课题、国家重点研发计划，以及省部级重点人才、省创新团队、国家级/省部市级人才项目等。采用多学科交叉的指导模式，汇聚了一批海内外高水平一流师资，培养具备国际化视野的高素质综合科研人才。

代表性成果

　　1. 高效、柔性供能－集成传感器件

　　结合自主搭建多种原位和非原位的表征平台，在充放电过程中连续的原位监测和表征，首次在国际上用实验手段观察和证实了 $2e^-$ 产物的存在及其电子反应路径，并结合化学特征试剂对所形成的 2e‐产物进行了指征分析，解开了多年来存在的反应产物及其机制困惑，构筑了系列碳基复合高效催化剂。

[1] Artificial Solid‐Electrolyte Interphase and Bamboo‐like N‐doped Carbon Nanotube Enabled Highly Rechargeable K‐CO$_2$ Batteries, *Adv. Funct. Mater.*, 2021, 2105029.

[2] Rechargeable Li‐CO$_2$ Batteries with Graphdiyne as Efficient Metal‐Free Cathode Catalysts, *Adv. Funct. Mater.*, 2021, DOI: 10.1002/adfm.202101423.

[3] Flexible, Stretchable, Water‐/Fire‐Proof Fiber‐Shaped Li‐CO$_2$ Batteries with High Energy Density, *Adv. Energy Mater.*, 2022, 2202933.

[4] Binder‐free MoN Nanofibers Catalysts for Flexible 2‐electron Oxalate‐based Li‐CO$_2$ Batteries with High Energy Efficiency, *Adv. Funct. Mater.*, 2022, 2112501.

2. 耐洗、宽温域适用穿戴织物能源器件

通过非共价键诱导结构，实现规模化构筑纤维电极的纺丝方法，构筑了有序固液界面的柔性电极，获得高导电性、高机械强度和宽温度适应性的多功能纤维状电极，显著减少了传统平面材料中普遍存在的集流体与活性材料间的接触界面，解决了一维限域空间内纤维表界面调控和性能提升的瓶颈问题。开发出具有大容量、高柔性和长耐久性的可编织、可缝纫、可洗涤的纤维电极和织物型能源器件。

[1] Multi‐Healable, Mechanically Strong Double Cross‐Linked Polyacrylamide Electrolyte Incorporating Hydrophobic Interactions for Dendrite‐Free Flexible Zinc‐Ion Batteries, *Adv. Funct. Mater*, 2023, 2304470.

[2] Oxygen‐Deficient NH4V4O10‐x for Flexible Aqueous Zinc Batteries with High Energy Density and Rate Capability at $-30℃$, *Materials Today*, 2021, 43, 53‐61.

[3] Cation‐Deficient Zn0.3（NH$_4$）$_{0.3}$V$_4$O$_{10}$ · 0.91H$_2$O for Rechargeable Aqueous Zinc Battery with Superior Low‐Temperature Performance, *Energy Storage Materials*, 2021, 38, 389‐396.

[4] Bioinspired Interface Design of Sewable, Weavable and Washable Fiber Zinc Batteries for Wearable Power Textiles, *Adv. Funct. Mater.*, 2020, 2004430.

⊙ 绿色赋能 智创化材

——智慧能源化学（SEEK）团队

智慧能源化学（SEEK）团队成立于 2021 年 3 月，由国家级青年人才彭翃杰教授、电子科技大学"校百人"刘芯言特聘研究员领衔，现有博士研究生 4 名、硕士研究生 7 名。

前沿交叉的团队方向：SEEK 团队以团队成员在化学化工、能源电子和数据科学的交叉研究背景为基础，专注于关键能源化学技术的发展。团队运用机器学习、AI 数据驱动等先进研究范式，驱动化学体系、关键材料的实验创新，为实现新型能源存储与转化器件的应用勾勒未来蓝图。

卓越扎实的团队基础：团队目前承担自然科学基金、企业横向项目等各类科研项目，与来自清华大学、北京理工大学、中科院以及 Stanford University、National University of Singapore、Technical University of Denmark 等海内外知名高校、科研院所的研究团队开展了广泛深入的合作，为团队科研提供强大支撑。

科学探索的团队文化：SEEK 源自 Smart EnErgiKemi（丹麦语：智慧能源化

学），也蕴含着团队人才培养的标准与期望。团队注重培养强执行的自律能力（Self - disciplined），迎难而上的魄力（Enterprising），乐于合作、主动交流的活力（Energetic），以及多学科交叉的知识力（Knowledgeable），助力团队成员成长成才。

代表性研究成果

1. 能源化学数据驱动方法

发展了具可解释性的机器学习（ML）方法，建立了 IHML、SELF、TELL - Me 等一系列二次电池预测和诊断模型，实现了能源化学大数据挖掘、新材料预测和器件状态估计。相关成果转化成软著多项，并获得全国先进储能技术创新挑战赛（工信部主办）二等奖。

［1］Untangling Degradation Chemistries of Lithium - Sulfur Batteries Through Interpretable Hybrid Machine Learning. *Angew. Chem. Int. Ed.* 2022, 61, e202214037.

［2］A generalizable, data - driven online approach to forecast capacity degradation trajectory of lithium batteries. *J. Energy Chem.* 2022, 68, 548.

［3］Machine Learning - Assisted Screening of Stepped Alloy Surfaces for C1 Catalysis. *ACS Catal.* 2022, 12, 4252.

2. 新型二次电池器件

阐明了锂硫电池中硫氧化还原反应的调控机制，开发了面向实用化苛刻条件的高性能电极/电解质材料，构筑了新型电池器件，满足了电池长寿命、高安全、低温、快充等不同应用场景的需求。相关成果获教育部自然科学一等奖、颗粒学会自然科学一等奖等奖励。

［1］Dilute Alloying to Implant Activation Centers in Nitride Electrocatalysts for Lithium - Sulfur Batteries. *Adv. Mater.* 2023, 35, 2209233.

［2］Direct Intermediate Regulation Enabled by Sulfur Containers in Working Lithium - Sulfur Batteries. *Angew. Chem. Int. Ed.* 2020, 59, 22150. （一区 top, IF = 16.6）

［3］Healing High - Loading Sulfur Electrodes with Unprecedented Long Cycling Life Spatial Heterogeneity Control. *J. Am. Chem. Soc.* 2017, 139, 8458.

3. 多尺度模拟计算

围绕能源化学反应中多相界面、离子/电子输运、能质传递、力电耦合的复杂性问题，发展了基于第一性原理的多尺度模拟计算方法，揭示了复杂电化学反应机制，指导了高效催化剂的设计。

［1］Trends in oxygenate hydrocarbon selectivity for electrochemical CO（2）reduction to C2 products. *Nat. Commun.* 2022, 13, 1399.

［2］pH effects on the electrochemical reduction of CO（2）towards C2 products on stepped copper. *Nat. Commun.* 2019, 10, 32.

［3］Understanding trends in electrochemical carbon dioxide reduction rates. *Nat. Commun.* 2017, 8, 15438.

⊙ 向阳前行　我最闪亮
——能源光电子材料与器件团队

　　能源光电子材料与器件团队成立于 2021 年 10 月，由国家级青年人才、科睿唯安全球高被引科学家白赛教授领衔，现有正高级职称 1 名、副高级职称 1 名、博士后 6 名、博士研究生 5 名、硕士研究生 5 名、科研助理 1 名。

　　团队研究方向聚焦量子点及钙钛矿等新型半导体材料及其光电子器件应用，包括太阳能电池、发光二极管（LED）、薄膜晶体管（TFT）、光电/高能射线探测器等。目前承担包括科技委重点、国家重点研发计划重点专项子课题、国家自然科学基金委面上等项目多项。团队博士后已获得博士后特别资助、博士后面上项目、四川省自然科学基金青年科学基金项目等多项资助。近年来，团队研究工作在 *Nature*、*Nature Materials*、*Nature Electronics*、*Joule*、*Nature Communications*、*Adv. Mater*、*Angew. Chem.* 等期刊发表论文 40 余篇。

　　团队依托校院优势平台，搭建有完备的材料合成、材料光物理表征、光电器件制备与表征平台，团队成员背景交叉，梯度配置合理，重点围绕新型光电子材料与器件的关键基础科学问题和应用技术瓶颈开展系统研究，为相关领域的产业化发展提供有力技术支撑。目前与英国牛津大学、瑞典林雪平大学、隆德大学、韩国浦项科技大学、清华大学、浙江大学、苏州大学等海内外光电领域知名课题组保持着长期紧密的合作关系。团队重视成员的综合能力培养，为团队成员的学术成长及职业规划提供全面指导，全面提高团队成员的学术创新能力及科研水平。

代表性研究成果

1. 钙钛矿光电转换器件

针对钙钛矿基太阳能电池和 LED 器件运行稳定性差的关键问题，提出了离子液体添加剂、基底诱导钙钛矿活性层及界面协同调控等一系列薄膜和界面的稳定化设计思路，实现研究出了领域内同期最稳定的高效钙钛矿太阳能电池和运行寿命最长的高效率钙钛矿 LED。

[1] Planar perovskite solar cells with long – term stability using ionic liquid additives，*Nature*，2019，571，245 – 250.

[2] Critical role of additive – induced molecular interaction on the operational stability of perovskite light – emitting diodes，*Joule*，2021，5，618 – 630.

[3] Unveiling the synergetic effect of precursor stoichiometry and interfacial reactions for perovskite light – emitting diodes，*Nature Communications*，2019，10，2818.

[4] Interface – assisted cation exchange enables high – performance perovskite LEDs with tuneable near – infrared emissions，*Joule*，2022，6，2423 – 2426.

[5] Metal halide perovskites for light – emitting diodes，*Nature Materials*，2021，20，10 – 21.

2. 钙钛矿薄膜晶体管

发展了一系列锡基钙钛矿沟道层及界面接触的优化策略，先后突破了 p – 沟道钙钛矿 TFT 的低迁移率、器件弛豫等关键性能瓶颈。

[1] High – Performance Hysteresis – Free Perovskite Transistors through Anion Engineering，*Nature Communications*，2022，13，1741.

[2] High – Performance Inorganic Metal Halide Perovskite Transistors，*Nature Electronics*，2022，5，78 – 83.

⊙ 吾能量力　谁与运筹
——量子算法与资源理论团队

量子算法与资源理论团队成立于 2021 年 12 月，由国家级青年人才 Tan Kok Chuan Bobby（陈国川）教授领衔，现有正高级职称 1 名、博士后 2 名、博士研究生 2 名。团队承担国家自然科学基金外国优秀青年学者研究基金项目 1 项。

我们的团队是一个充满国际风采的大家庭，与韩国、新加坡的顶尖高校及研究机构建立了长期合作关系。我们不仅极为重视国际伙伴，更全力支持学生参与国际学术交流。团队使命是通过系统性的科研训练，培养出新一代卓越的科研人才。

代表性研究成果

1. 提出了一种基于线性运算的非经典光的量子资源理论

非经典光系统在量子精密测量中存在重要应用，但研究非经典光的普适量子理论资源理论框架还没有建立起来。为了寻找一种方法填补此项空白，团队负责人提出了基于线性运算的非经典光的量子资源理论，通过计算准概率分布的负值度来定量表征非经典特性的方法。

[1] Quantifying the coherence between coherent states, *Physical Review Letters*,

2017，119，190405.

[2]Nonclassicality as a quantifiable resource for quantum metrology，*Physical Review Letters*，2019，122，040503.

[3]Negativity of quasiprobability distributions as a measure of nonclassicality，*Physical Review Letters*，2020，124，110404.

[4]Fisher information universally identifies quantum resources，*Physical Review Letters*，2021，127，200402.

2. 提出了研究量子纠缠，失协和相干的统一理论框架

量子相干、纠缠和失协是量子力学的三个非经典性质，然而在相当长的一段时间内都不存在可以揭示量子系统的相干性与关联性之间的定量关系的研究成果。为了进一步探究量子纠缠与量子失协的本质是否一致，团队负责人通过引入一种可以将量子相干的测度转化为对于纠缠或者失协的测量的结构，取得了重大进展，揭示了量子相干性与量子纠缠、量子失协之间的定量关系，证明了纠缠、失协等概念，在本质上都可以嵌入量子相干资源理论框架中。

[1]Entanglement as the symmetric portion of correlated coherence，*Physical Review Letters*，2018，121，220401.

3. 证明了量子失协在纠缠分发过程中发挥的作用

相对于量子纠缠，量子失协是更加普遍的量子关联形式。量子纠缠态作为多方量子通信、分布式量子计算等领域的重要量子资源，在不同量子节点间的制备、分发是量子信息领域的一个重点。但由于量子纠缠态在分发过程中的退相干，最终制备的多节点纠缠态保真度难以保证。因此，当其他类型的量子资源（如纠缠）不可用时，寻找量子失协能发挥优势的应用场景变得至关重要。团队负责人证明了量子失协在纠缠分发中的作用，是首批实现了量子失协直接应用的学者之一。

[1]Sign－problem free quantum stochastic series expansion algorithm on a quantum computer，*npj Quantum Information*，2022，8，44.

⊙ 碳时代的探险家

——多维碳材料与光电器件团队

多维碳材料与光电器件团队成立于 2022 年 2 月，由国家级青年人才黄明教授（麻省理工科技评论"35 岁以下科技创新 35 人"，2DM Emerging Young Scientist）领衔，现有正高级职称 1 名、博士研究生 2 名、硕士研究生 3 名。团队主要围绕多维碳材料的设计合成和性能调控开展研究，目前承担了多项国家和省部级科研项目，发表了一系列高水平的学术论文，为相关领域的发展做出了贡献，得到了同行和专业领域的认可。团队以创新为驱动，注重理论与实验结合，在跨学科的研究中，形成了独特的团队协作机制，注重团队成员的综合素质培养。

<h2 style="text-align:center;color:#c00;">代表性研究成果</h2>

1. 单晶金属箔制备

发明了制备大尺寸单晶金属和铜镍合金箔的新技术。发展了一种无接触退火的新技术，实现了价格低廉得工业多晶箔向单晶金属箔的大面积转化；进一步地以单晶铜箔为模板，采用电化学沉积和二次退火的方法，成功制备了成分可控的单晶铜镍合金箔。

［1］Colossal grain growth yields single crystal metal foils by contact‑free annealing. *Science*, 2018.

［2］Highly‑oriented monolayer graphene grown on a Cu/Ni（111）alloy foil. *ACS Nano*, 2018.

2. 材料表面化学

构建了大面积无折叠褶皱的单层单晶石墨烯。通过在单晶铜镍合金上形成连续的石墨烯薄膜后对其进行冷却和再加热至生长温度的循环实验确定了形成褶皱的临界温度，阐明了褶皱的形成机理，并以此制定了合理优化的生长条件制备得到了大面积、无折叠褶皱的单晶单层石墨烯。

［1］Single Crystal, Large-area, Fold‑free Monolayer Graphene. *Nature*, 2021.

实现了单晶双层和三层石墨烯的大规模制备并揭示其生长机理。精细合成了一系列不同镍含量的铜镍合金箔，通过同位素标定、原位扫描电镜/化学气相沉积、原位飞行时间二次离子质谱等技术，揭示了多层石墨烯的堆叠方式和生长机理，并可控合成了大面积高质量的单晶双层和三层石墨烯薄膜。

［1］Large area single crystal AB‑bilayer and ABA‑trilayer graphene grown on a Cu/Ni（111）foil. *Nature Nanotechnology*, 2020.

3. 碳中和能源化学

采用一种牺牲模板法可控地合成了锚定在含氮多孔石墨碳上的一种新型单原子催化剂（Ni‑N$_4$‑O SACs）。通过引入电负性较强的 O 原子形成了轴向的 Ni‑O 配位，打破了传统的 Ni‑N$_4$ 配位的对称的电荷分布，从而改善了活性 Ni 催化中心的局部配位环境，进而在 CO$_2$RR 中展现出了优异的电催化活性和稳定性。

［1］Template‑Sacrificing Synthesis of Well‑Defined Asymmetrically Coordinated Single‑Atom Catalysts for Highly Efficient CO$_2$ Electrocatalytic Reduction. *ACS Nano*, 2022.

证明了 Cu1/NC 单原子催化剂在硝酸根还原反应方面优于二氧化碳还原反应，但在硝酸根和二氧化碳的共还原反应过程中会引发激烈的竞争反应而导致尿素产量低。相比之下，富缺陷的 NC 催化剂不仅可以触发硝酸根和二氧化碳的顺序还原，而且可以实现有效的 C‑N 偶联反应，显著提升了尿素电合成的催化性能。

［1］Sequential co‑reduction of nitrate and carbon dioxide enables selective urea electrosynthesis. *Nature Communications*, 2024.

⊙ 医者智心
——数基生命与智能健康团队

　　数基生命与智能健康团队成立于 2023 年 1 月，由国家级青年人才毛晓伟教授领衔，现有正高级职称 1 名、博士后 3 名、博士研究生 3 名、硕士研究生 6 名、本科生 1 名、科研助理 1 名。团队积极探索医工交叉融合，搭建了国际化、跨学科的研究平台，具有丰富的生物医学大数据挖掘、统计遗传、群体遗传、表型分析及分子生物学实验经验。

　　团队承担过多个国家级和省部级重大科研项目，包括科技部国家重点研发计划项目课题、国家自然科学基金委优秀青年科学基金项目、四川省留学回国人员科技活动项目择优资助等。研究成果不仅对于提升我国在相关领域的科技水平有重要意义，而且对于改善人类健康和生活质量做出了积极贡献。

代表性研究成果

1. 明确了东亚人群典型性状相关基因的演化特点

［1］The deep population history of northern East Asia from the Late Pleistocene to the Holocene, *Cell*, 2021, 184（12）: 3256 - 3266.

2. 系统揭示人类演化和适应与气候变化存在耦合关系

［1］Insights into human history from the first decade of ancient human genomics, *Science*, 2021, 373（6562）: 1479 - 1484.

3. 基于生物大数据挖掘"数据驱动"的新范式，为解析人类复杂性状遗传与演化机制提供了新方法

［1］Human population history at the crossroads of East and Southeast Asia since 11,000 years ago, *Cell*, 2021, 184（14）: 3829 - 3841.

［2］Maternal genetic structure in ancient Shandong between 9500 and 1800 years ago, *Science Bulletin*, 2021, 66（11）: 1129 - 1135.

⊙ 器件人 中国 "芯"
——半导体微电子器件与集成电路团队

半导体微电子器件与集成电路团队成立于 2023 年 11 月，由国家级青年人才刘奥教授领衔，现有正高级职称 1 名、博士后 2 名、博士研究生 2 名、硕士研究生 2 名。团队致力于电子信息材料和功能器件，如薄膜晶体管（TFT）、逻辑电路、存储器、光电探测、神经形态器件等。

针对当前信息显示及集成电路领域稀缺的高性能 P 型（空穴）半导体及相关电子器件，团队开发了一系列新型材料：如 2022 年首次报道可媲美 P 型低温多晶硅的锡基钙钛矿 TFT，并于近日在国际上首创实现了高性能非晶 P 型半导体和逻辑器件的研发。目前团队掌握多项国际最先进的半导体和器件制备技术，将聚焦新型半导体研发并围绕可兼容大规模产业化的电子薄膜及器件制备、逻辑器件集成工艺，针对低成本大面积的 CMOS 技术等开展研究，助力我国新一代半导体、电子信息技术的发展。我们旨在启发学生的研究兴趣，培养学生健康身心和能力的均衡发展。

代表性研究成果

1. 非晶高性能 P 沟道薄膜晶体管和逻辑器件

采用工业兼容的制备工艺，首次实现高性能的非晶 P 沟道 TFT 器件，该技术有望与现有商用 N 型非晶氧化物体系集成实现大面积 CMOS 集成电路和 3D 集成芯片。

［1］Amorphous p – type thin – film transistors. *Nature*, 2024.

2. 高性能钙钛矿基薄膜晶体管的制备与集成

采用低成本溶液制备工艺，首次实现可媲美商用多晶硅的高性能 P 沟道锡基 TFT 器件，相关研究工作被 *Nature Electronics* 和 *ACS Energy Letters* 社论誉为"突破领域 20 年瓶颈"和"领域的复兴"。

［1］High – performance metal halide perovskite transistors. Nat. *Electron*. 2023, 6, 559.

［2］High – performance inorganic metal halide perovskite transistors. Nat. *Electron*. 2022, 5, 78.

［3］Tin perovskite transistors and complementary circuits based on A – site cation engineering. Nat. *Electron*. 2023, 6, 78.

⊙ 高时空分辨测量
——先进电化学技术团队

　　先进电化学技术团队成立于 2022 年 2 月，由电子科技大学"校百人"计划入选者晋兆宇特聘研究员领衔，现有正高级职称 1 名、博士后 3 名、博士研究生 1 名、硕士研究生 4 名、联合培养硕/博士研究生 5 名。团队已在 *Acc. Chem. Res*、*PNAS*、*JACS*、*ACS Nano*、*ACS Catal.*、*Anal. Chem.* 等国际知名期刊合作发表论文 10 余篇。

　　先进电化学表征平台：团队搭建了国际领先的超分辨电化学显微镜实验室，为开展高水平特色科研课题提供了强有力的支持。该平台提供了一系列高效可靠的技术手段，将瞄准解决能源、环境、材料、催化等交叉领域的痛点问题。

　　科研项目情况：目前承担各类科研项目 3 项，包括国家重点研发计划子课题 1 项、国家自然科学基金委青年项目 1 项、四川省面上项目 1 项，年均科研到款逾 100 万。

　　学生培养模式：团队致力于为学生提供全方位的学术能力培养服务。我们通过一系列阶段性的科研训练，帮助学生全面提升他们的学术创新能力和个人素质，从而实现从优秀到杰出再到卓越的发展。

代表性研究成果

1. 能源电催化表征

基于扫描电化学显微镜原理，团队提出了单原子催化位点本征催化活性的原位分析方法。针对现有谱学电化学技术难以精确定量描述反应活性的挑战，率先实现了对单原子位点和反应动力学速率的精确测量，并阐明了单原子电催化燃料电池阴极反应中的邻位距离效应。据此，团队开发了一系列高效绿色电催化材料，为低能耗、长寿命氢－电转化体系的构建提供了关键支撑。

［1］Understanding the Inter－Site Distance Effect in Single－Atom Catalysts for Oxygen Electroreduction. *Nat. Catal.*, 2021, 4, 615－622.

［2］Emerging Electrochemical Techniques for Probing Site Behavior in Single－Atom Electrocatalysts. *Acc. Chem. Res.*, 2022, 55, 759－769.

［3］Understanding the Atomic and Defective Interface Effect on Ruthenium Clusters for the Hydrogen Evolution Reaction. *ACS Catal.*, 2023, 13, 49－59.

2. 环境电催化分析

环境催化表界面过程通常涉及多种反应在不同活性位点同时进行。由于局域微环境和空间分布不均，反应物分子与活性位点间的相互作用存在差异，导致反应竞争，影响催化过程的速率和选择性。然而，现有实验表征手段难以解析复杂的产物与活性位点间的对应关系，使表界面特征解析面临挑战。我们提出了一种扫描电化学显微镜产生－收集耦合表面滴定技术，精准测量含氮分子吸附和转化过程动力学的相关参数。该发现为含氮污染物资源化和循环利用技术中的表界面行为研究提供了一种全新的分析手段。

［1］Pulsed Nitrate－to－Ammonia Electroreduction Facilitated by Tandem Catalysis of Nitrite Intermediates. *JACS*, 2023, 145, 6471－6479.

［2］A Multifunctional Copper Single－Atom Electrocatalyst Aerogel for Smart Sensing and Producing Ammonia from Nitrate*PNAS*, 2023, 120, e2305489120.

⊙ 电子与声子的相遇
——热电新能源材料与器件团队

　　热电新能源材料与器件团队成立于 2022 年 4 月，由"电子科技大学校百人计划入选者"何文科特聘研究员领衔，现有正高级职称 1 名、博士研究生 2 名、硕士研究生 4 名。

　　团队主要从事热电材料中电子与声子解耦调控方面的研究以及器件的设计制备，涵盖晶体材料生长、微观结构表征、输运性能测试与分析等方面。目前承担各类科研项目 3 项，国家自然科学基金委面上/青年项目 1 项、省部级人才项目 1 项、校级人才项目 1 项。

代表性研究成果

1. 新型低成本高效热电材料

针对目前传统窄带隙热电材料最优工作温域窄及多级器件稳定性等问题，提出了基于宽带隙、层状和非对称性等特征参数筛选开发新型高效热电材料及器件的新思路，开发并制备出了价格低廉、环境友好的 SnS 基热电晶体，发展了声、电输运参数解耦的策略方法，实现了材料宽温域高效热电性能，为低成本高效热电器件的推广和应用奠定了基础。

[1] High thermoelectric performance in low－cost $SnS_{0.91}Se_{0.09}$ crystals. *Science*, 2019, 365 (6460): 1418－1424.

[2] Remarkable electron and phonon band structures lead to a high thermoelectric performance ZT ＞ 1 in earth－abundant and eco－friendly SnS crystals. *J. Mater. Chem. A*, 2018, 6 (21): 10048－10056.

[3] Low carrier concentration leads to high in－plane thermoelectric performance in n－type SnS crystals. *Sci. China Mater.*, 2021, 64 (12), 3051－3058.

[4] Remarkable electron and phonon transports in low－cost SnS: a new promising thermoelectric material. *Sci. China Mater.*, 2022.

[5] Predicting the Potential Performance in P－Type SnS Crystals via Utilizing the Weighted Mobility and Quality Factor. *Chin. Phys. Lett.*, 2020, 37 (8): 087104.

⊙ 行政团队

领导班子合影

电子科技大学基础与前沿研究院行政团队由多名具备丰富行政管理经验的专业人员组成，下设综合事务办公室、人才工作办公室、科研与国际交流办公室、研究生事务办公室4个科室。团队成员紧密协作，秉持一流的服务理念，确保基础院各项工作有序进行，为全院师生提供专业、高效的服务保障，并创造一个优良的科研和教学环境。

行政团队现任领导班子：

郭光灿　　　名誉院长
饶渐升　　　党委书记
王志明　　　院　　长
吕　泰　　　副院长
巫　江　　　副院长

行政团队合影

附录一　历届研究生毕业照

2024 届毕业生合影

2023 届毕业生合影

2022 届毕业生合影

2021 届毕业生合影

2020 届毕业生合影

2019 届毕业生合影

附录二　重要学术活动

2023年中国科学院郭光灿院士做客
"基础院九周年学术活动"

2023年中国科学院常凯院士做客
"基础院九周年学术活动"

2023年中国科学院贺泓院士做客
"基础院九周年学术活动"

2023年中国科学院欧阳钟灿院士做客
"基础院九周年学术活动"

2023年中国科学院贺克斌院士做客
"基础院九周年学术活动"

2021年中国科学院祝世宁院士做客
"基础院七周年学术活动"

2021年中国科学院徐红星院士做客
"基础院七周年学术活动"

2019年中国科学院祝世宁院士做客
"基础院五周年院士高峰论坛"

2019年中国科学院陈润生院士做客
"基础院五周年院士高峰论坛"

2019年中国科学院徐宗本院士做客
"基础院五周年院士高峰论坛"

2018年中科院外籍院士
Flemming Basenbacher做客"名师讲堂"

2018年中国科学院徐红星院士做客
"基础论坛"

2017年中国科学院龚旗煌院士做客
"基础论坛"

2017年中国科学院孙昌璞院士做客
"名师讲坛"

2016年中国科学院郭光灿院士做客
"名师讲堂"

基础与前沿研究院
诺奖报告

INSTITUTE OF FUNDAMENTAL AND
FRONTIER SCIENCES

1987年诺贝尔化学奖
获得者Jean-Marie Lehn教授

1997年诺贝尔物理学奖
获得者朱棣文教授

1999年诺贝尔物理学奖
获得者Gerard't Hooft教授

2004年诺贝尔化学奖
获得者Avram Hershko教授

2005年度诺贝尔化学奖
获得者Richard R. Schrock教授

2009年诺贝尔化学奖
获得者Ada Yonath教授

2010年诺贝尔物理学奖
获得者安德烈·海姆爵士

2010年诺贝尔化学奖
获得者根岸英一教授

2014年诺贝尔物理学奖
获得者中村修二教授

2012年诺贝尔物理学奖获得者
David J·Wineland教授

2012年诺贝尔物理学奖获得者
Serge Haroche教授

2024 年光子学与电磁学国际研讨会

2023 年第五届集成光量子信息技术青年学术论坛

2023 年国家自然科学基金委员会化学部环境化学大气环境减污降碳增效学术研讨会

2023 年基础院九周年学术活动

2023 年成都—重庆量子研讨会：量子传感—理论与应用

2023 年第十届全国量子控制研讨会

2023 年蓉漂人才日系列活动之高层次人才高峰论坛新理科分论坛

2021 年基础院七周年学术研讨会

2021 年第五届"量子力学二次革命"论坛

2019 年基础院五周年院士高峰论坛

2019 年第七届成电国际青年学者论坛基础与前沿科学分论坛

2016 年第四届成电国际青年学者论坛基础与前沿科学分论坛

⊙ 后　记

十年磨一剑 "从 0 到 1" 的坚守与突破

2024 年 6 月 18 日，基础与前沿研究院喜迎建院十周年。十载春秋，既是基础院的一部成长史，也是每一位基础院人的奋斗史！时间镌刻崭新年轮，岁月书写时代华章。这十年，在学校领导和专家们的关心和指导下，我们勠力同心、奋楫笃行，走的每一个脚步都铿锵有力，取得的每一个进展都振奋人心！

回首过去十年，基础院从筹备时的 3 个人发展到现如今 600 余名师生，我和我的同伴们一路呵护伴随着她成长，宛如看着自己初生的婴儿，从她牙牙学语到蹒跚学步再到追逐奔跑进入青壮年！3600 多个日日夜夜，经历了建院初期的怀揣梦想，却又迷惘忐忑，到如今对未来的踌躇满志、笃定前行，也经历过初尝失败备受质疑的沮丧失落，而后研精覃思、深自砥砺，不断坚守和突破，收获成功的喜悦。

基础与前沿研究院
党委书记　饶渐升

尤记得，在 2014 年 6 月 18 日基础院成立仪式上，学校对基础院 "学术特区" 的殷切期望——汇聚一批潜心基础研究的青年才俊，改革和探索有利于激发基础研究活力的新机制，营造宽松自由、活跃学术的氛围，团结和谐、勇于探索，成为学校在基础与前沿研究方面的重要 "基地" 和 "示范"。带着这个使命，我们从零出发，筚路蓝缕，不断摸索。十年来，青年才俊不断认可加入，师资队伍越来越壮大，一间又一间实验室建成使用，一批又一批原创成果引发关注，一项又一项重大重点项目获批启动，一名又一名青年人才成长发展，一位又一位优秀学子学有所成……基础院全体师生始终牢记责任和使命，朝着建院之初既定目标和期望，不忘初心，砥砺奋进！

2023 年 9 月，基础院整体搬迁至清水河校区 6 号科研楼，拥有了气派的大楼、优越的软硬件条件，每一位来访的专家学者都会赞赏说基础院是个潜心做研究的地方。然而，记得建院之初拿到沙河校区通信楼 8 楼钥匙时，白手起家开始创业的我们全然一种开荒拓土的感觉，破损的地面、漏水的天花板、不通的网线电话线、闭合不严的门窗……与"基地"和"示范"的目标相去甚远。于是，我们瞄准世界前沿，努力打造国际化的软硬件环境，"筑巢引凤"夯实引才基础。十年来，在学校的鼎力支持下，我们的实验室从通信楼延伸到瀚海楼，又从沙河校区发展到清水河校区，空间的一路拓展共同见证了基础院的发展壮大。

秉持"求实求真、大气大为"校训精神，作为"学术特区"，基础院的首要任务是探索一条适合在学校浓厚工科氛围中做好基础研究的特区之路。自建院之后的半年多，我和王志明院长、李自恒、黄武林、吴诗捷等 5 名基础院"元老"挤在十余平米的临时办公室，经历了无休暑假和连日加班，一边学习借鉴国内外高校和科研院所的先进经验，一边思考整理基础院建设发展思路，探索适合我们的运行机制体制。远到美国普林斯顿高等研究院、意大利国际理论物理中心，近到清华大学高等研究院、北京大学前沿交叉学科研究院、上海交大自然科学研究院、西安交大前沿研究院，以及校内有关学院都成为我们学习研究的对象，其间不断向学校领导和职能部门汇报沟通，"智慧 专注 自由 成就/Intelligence Focus Freedom Success"的建院理念达成共识，以"国际化"为核心的三个有力抓手也应运而生：一是抓青年人才引进打造高水平国际化师资队伍，二是抓高水平创新成果提升国际学术影响力，三是抓国际合作与交流扩大国际知名度。

人才是第一资源、创新是第一动力，而创新的根本在人才。于是我们开始"请进来，走出去"，APS 会议、成电青年论坛、基础与前沿科学论坛、基础论坛……借助一个又一个学术会友平台，同一大批国内外专家学者成为朋友，最终也有不少青年人才加入我们成为并肩奋斗的同事。2015 年 6 月 1 日，我们欢欣鼓舞地迎来了基础院首两位青年才俊邓旭、康毅进的加盟，随后祝峰、李严波、王曾晖、乔梁、王晓霆 5 位老师先后加入基础院，崔家喜也在邓旭老师的召唤下来到基础院工作。"1＋1＋1＋……"一批青年才俊逐渐汇聚在量子信息、集成光子、碳中和、新材料、人工智能和生命医学交叉等方向。

会议室、咖啡间、讨论室、报告厅、走廊过道，基础论坛、基础沙龙、教授午餐会、博士后学术沙龙、SCI 社，随时随地都可以看见师生与诺奖大师、国内外院士、专家学者进行思想碰撞、放飞学术梦想。"转身遇见大师、随处可见讨论"已成为基础院的特有文化，"遇见更好的自己"也成为每名师生共同的梦想和追求。先进材料、美国化学、物理评论快报、自然材料、自然物理、自然催化、自然光子、自然、科学……一篇篇高水平论文的发表，一个个原创成果的突破，基础院

"基地"和"示范"的效应日渐彰显，国内国际知名度也不断提升。

越来越多的海内外同行关注到我们，甚至有欧洲和美国教授、青年学者主动联系我们表达出对加盟基础院的极大兴趣，师资队伍中外籍教师的名字不断增多，Arup、Abolfazl、Bobby、Uday……国际科技合作伙伴也不断增加，高等学校学科创新引智基地、四川省国际科技合作基地，INRS－UESTC 联合研究中心、中德马普学会联合实验室，天府友谊奖、四川省国际科技合作奖……十年来，3 名国家级领军人才和 38 名国家级青年人才加入到基础院的大家庭，董帆、邓旭、王曾晖、邹权 4 名教授成长为杰青，形成了一支少而精的国际化师资队伍，努力朝着基础院"汇聚智慧学者，专注基础与前沿研究，营造自由学术氛围，共同实现人生成就"的梦想不断迈进！

2016 年 9 月，全校喜迎甲子校庆，基础院也迎来了发展的新里程碑。学校多位校领导先后出面，我们"三顾茅庐"请来了中国量子光学和量子信息开创者和奠基人、中国科学院院士郭光灿教授任基础院名誉院长，指导并帮助我们建设量子信息研究中心。在郭院士的精心部署和悉心指导下，多名教师入选国家级青年人才项目、量子物理与光量子信息教育部重点实验室获批、多项国家自然科学基金和重大重点项目启动、四川省专项经费支持……量子信息研究中心短短七年多时间便成为西部地区量子信息的领头羊，并在国内该领域占有了一席之地！

双一流高校是基础研究人才培养的主力军，故而培养德智体美劳全面发展的拔尖创新人才、造就基础研究后备力量也必然是基础院的职责使命所在。2014 年 9 月，基础院迎来了首批新生入学——仅有一名博士生和一名硕士生。十年过去，我们已有在校生 477 人，毕业生 321 人。"成电杰出学生"、全国百名优秀共产党员标兵、博新计划、国家青年拔尖人才、福布斯 30 岁以下精英、玛丽·居里学者……童鑫、王德辉、付先彪、王红、吴铜伟、朱健凯……一名又一名优秀学子不断涌现，并于毕业后继续投身所热爱的基础研究，成为我国科技创新发展的生力军。

十年凝心聚力，基础院党组织从直属党支部发展到党总支再到党委，十年党旗高扬，我们以高质量党建引领点燃基础院高质量发展的"红色引擎"。全国高校"双带头人"教师党支部书记工作室、全国百名优秀共产党员标兵、学校先进基层党总支、学校先进党支部、优秀共产党员……每一位基础院人同心同向、同频共振，以实际行动践行着初心和使命，为建成具有重要国际影响力的基础与前沿学术高地而努力拼搏！

十年逐梦探索风雨路，感恩一路同行你我他！回望来时路，我们激情澎湃；展望新征程，我们壮志满怀！衷心祝愿基础院和所有基础院人明天更辉煌！

个人简介:

饶渐升,女,1974年10月生,汉族,副研究员,电子科技大学基础与前沿研究院党委书记。电子科技大学微电子学与固体电子学硕士。曾任电子科技大学通信与信息工程学院教师,国家精品课程"通信原理"和四川省精品课程"随机信号与系统"课程组骨干教师,获电子科技大学青年教师教学优秀奖、"教学质量优秀主讲教师"、本科课堂教学竞赛二等奖、校优秀教学成果三等奖、优秀实验教学成果二等奖等,出版专著2部,发表论文8篇。

致谢

2014 年，为增强原始创新能力、提升整体基础研究水平和学术影响力，电子科技大学基础与前沿研究院应运而生。十年来，基础院以其独特的学术视野和创新精神，成为成电的学术特区和人才特区。2024 年，值此成立 10 周年之际，特编撰《夯实基础 求索前沿》一书，回顾前沿"拾"光，展望无限未来，以期激励全院师生继续砥砺前行，求实求真，大气大为，为学校高质量发展，为国家科技创新和社会发展贡献更多力量。

全书收录了 50 余位师生代表在基础院的科研故事，汇集了 25 个科研团队的精彩瞬间，其中包括科技日报、四川日报、成都科协、电子科技大学新闻网、基础院新闻网等媒体对学院师生的新闻报道，用文字记录 UESTC - IFFSers 在探索科技前沿路上的点点滴滴。本书整理汇编为四章：院情概览、感悟前沿、前沿师说、团队风采。

站在十年的节点上，回首过往，基础院从初创时期的筚路蓝缕，到如今的硕果累累，每一步都凝聚着师生们的智慧和汗水；展望未来，基础院将继续秉持"智慧、专注、自由、成就"的院训精神，立足国家需求，践行立德树人，深耕基础研究，不断追求卓越，勇攀科研高峰，书写新的辉煌篇章。

本书编撰工作自启动以来，得到了基础院顾问专家、学校领导和相关部门以及全院师生的大力支持和帮助，在此一并表示诚挚感谢！特别感谢 2022 届博士毕业校友企业——嘉兴聚贤潭机电工程服务有限公司的赞助出版。

由于时间仓促、编辑团队水平有限，书稿中疏漏之处在所难免，敬请读者批评指正！

本书编委会
2024 年 5 月

基础院精彩瞬间心形大合照